COMO COMEÇAR A INVESTIR E TER UMA  VIDA RICA

Daniel Souza

COMO COMEÇAR A INVESTIR E TER UMA VIDA RICA

UM GUIA PRÁTICO COM **7 passos** PARA SE TORNAR UM INVESTIDOR

Baseado em casos reais de seguidores do Instagram @financaspessoais

ALTA BOOKS
E D I T O R A
Rio de Janeiro, 2021

Como Começar a Investir e ter uma Vida Rica
Copyright © 2021 da Starlin Alta Editora e Consultoria Eireli.
ISBN: 978-65-5520-144-3

Todos os direitos estão reservados e protegidos por Lei. Nenhuma parte deste livro, sem autorização prévia por escrito da editora, poderá ser reproduzida ou transmitida. A violação dos Direitos Autorais é crime estabelecido na Lei nº 9.610/98 e com punição de acordo com o artigo 184 do Código Penal.

A editora não se responsabiliza pelo conteúdo da obra, formulada exclusivamente pelo(s) autor(es).

Marcas Registradas: Todos os termos mencionados e reconhecidos como Marca Registrada e/ou Comercial são de responsabilidade de seus proprietários. A editora informa não estar associada a nenhum produto e/ou fornecedor apresentado no livro.

Impresso no Brasil — 1ª Edição, 2021 — Edição revisada conforme o Acordo Ortográfico da Língua Portuguesa de 2009.

Erratas e arquivos de apoio: No site da editora relatamos, com a devida correção, qualquer erro encontrado em nossos livros, bem como disponibilizamos arquivos de apoio se aplicáveis à obra em questão.

Acesse o site **www.altabooks.com.br** e procure pelo título do livro desejado para ter acesso às erratas, aos arquivos de apoio e/ou a outros conteúdos aplicáveis à obra.

Suporte Técnico: A obra é comercializada na forma em que está, sem direito a suporte técnico ou orientação pessoal/exclusiva ao leitor.

A editora não se responsabiliza pela manutenção, atualização e idioma dos sites referidos pelos autores nesta obra.

Produção Editorial
Editora Alta Books

Gerência Comercial
Daniele Fonseca

Editor de Aquisição
José Rugeri
acquisition@altabooks.com.br

Produtores Editoriais
Illysabelle Trajano
Maria de Lourdes Borges
Thales Silva
Thiê Alves

Marketing Editorial
Livia Carvalho
Gabriela Carvalho
Thiago Brito
marketing@altabooks.com.br

Equipe de Design
Larissa Lima
Marcelli Ferreira
Paulo Gomes

Diretor Editorial
Anderson Vieira

Coordenação Financeira
Solange Souza

Produtor da Obra
Luana Goulart

Equipe Ass. Editorial
Brenda Rodrigues
Caroline David
Luana Rodrigues
Mariana Portugal
Raquel Porto

Equipe Comercial
Adriana Baricelli
Daiana Costa
Fillipe Amorim
Kaique Luiz
Victor Hugo Morais
Viviane Paiva

Atuaram na edição desta obra:

Revisão Gramatical
Antonio Rudolf
Alessandro Thomé

Capa
Rita Motta

Diagramação
Catia Soderi

Dados Internacionais de Catalogação na Publicação (CIP) de acordo com ISBD

S729c   Souza, Daniel
             Como Começar a Investir e Ter uma Vida Rica: um guia prático com 7 passos para se tornar um investidor / Daniel Souza. - Rio de Janeiro : Alta Books, 2021.
             224 p. : 16cm x 23cm.

             Inclui índice e apêndice.
             ISBN: 978-65-5520-144-3

             1. Economia. 2. Investimentos. 3. Investidor. I. Título.

                                                                                        CDD 332.024
2021-3036   CDU 330.567.2

Elaborado por Vagner Rodolfo da Silva - CRB-8/9410

Ouvidoria: ouvidoria@altabooks.com.br

Editora afiliada à:

Rua Viúva Cláudio, 291 — Bairro Industrial do Jacaré
CEP: 20.970-031 — Rio de Janeiro (RJ)
Tels.: (21) 3278-8069 / 3278-8419
www.altabooks.com.br — altabooks@altabooks.com.br

"TODA MATEMÁTICA DE QUE VOCÊ PRECISA PARA INVESTIR (...) VOCÊ APRENDEU NA QUINTA SÉRIE."

PETER LYNCH

"ALGUÉM ESTÁ SENTADO À SOMBRA HOJE POIS ALGUÉM PLANTOU UMA ÁRVORE MUITO TEMPO ATRÁS."

WARREN BUFFETT

PREFÁCIO

MINHA HISTÓRIA
COM O DINHEIRO

Nunca tive mesada. Sempre foi um incômodo para mim, na minha adolescência, pedir dinheiro para meus pais. Com 18 anos e um pouco insatisfeito com isso, fui atrás de minha primeira renda e consegui uma bolsa de pesquisa na faculdade, que era de R$241,51. Esse foi meu primeiro salário, depois de ser aprovado no vestibular para Ciência da Computação. Um ano depois, decidi cursar Administração, ao mesmo tempo, na Universidade Pública. Não ganhei um carro de presente por isso. Ia para as aulas a pé ou de ônibus. Meus pais sempre tiveram uma condição razoável de vida, e sempre fui bastante econômico. Mesmo tendo pouco dinheiro mensalmente, peguei R$100,00 dessa minha bolsa de pesquisa no primeiro mês e fiz meu primeiro investimento, usando o caixa eletrônico do banco: um fundo de investimento que tinha como principal ativo ações da Petrobras. No outro dia, consultei o caixa eletrônico e vi que havia ganhado alguns centavos. Pensei: "Que maravilha!" O ano era 2003. A partir daí, depois de estudar muito sobre o assunto, fazer cursos e economizar todo mês para investir, abri uma conta em uma corretora e comprei ações diretamente. Ganhei bastante com meu dinheiro (que não era lá essas coisas) e com o dinheiro de alguns parentes, da ex-sogra e o de meu pai (o dinheiro dele, sim, era lá essas coisas para mim naquela época). Eu fazia os investimentos para eles, e todos os meses eles me pagavam uma porcentagem daquilo que eu ganhava. Tudo era festa! Mas veio o ano de 2008, e a crise chegou. Naquele momento, eu só tinha investido o meu dinheiro e o de meu pai. Minhas ações desvalorizaram muito, e naquela época eu já tinha a consciência de que não era o momento para vender. Mas meu pai pensou diferente: viu o prejuízo de seu investimento e quis receber o resto que sobrou de seu suado dinheiro. Assumi aquele prejuízo, contra a minha vontade. Eu ainda era dependente de meus pais... E quebrei. Fui ao fundo do poço, com 24 anos de idade. Mal havia começado minha carreira, a trabalhar de verdade... Tive de pagar todo o prejuízo! Para minha sorte, meu pai dividiu minha dívida em várias parcelas (com juros, claro). Isso foi igual (ou pior, por ser meu pai) a me endividar pegando um empréstimo no banco. Consegui pagar tudo em dois anos, usando um modelo que funcionou. Recuperei tudo, hoje me livrei das dívidas e coloquei toda essa experiência em um livro chamado *Como acabar com as dívidas e ter uma vida feliz*. A partir daí, passei a investir de forma mais consciente, aprendendo de verdade, com disciplina e mais conhecimento. Hoje tenho uma vida confortável graças ao que aprendi com meu pai (e o agradeço muito por isso), e espero que você encontre muitas informações valiosas nestas páginas e faça o compromisso pessoal de aplicar o que aprender aqui em sua vida financeira de forma prática!

APRESENTAÇÃO

Desde 2014, meu trabalho até a publicação desse livro foi o de estudar a forma como meus seguidores lidavam com o próprio dinheiro, em especial aqueles que se interessavam por investimentos. Aprendi muito com vários casos diferentes, diversos tipos de dúvidas e até mesmo situações inusitadas que chegavam até mim. Toda essa experiência foi importante para que eu percebesse padrões de comportamento, identificando erros comuns cometidos pelas pessoas. A partir daí, fui capaz de criar e selecionar as soluções que mais funcionam na prática para cada estágio em que uma pessoa possa estar nessa jornada.

Com isso, criei um sistema prático para ajudar as pessoas a investir o próprio dinheiro de forma segura e rentável, mostrando resultados incríveis, tirando muita gente das dúvidas e estagnação patrimonial e realmente iniciando seus projetos com o auxílio dos investimentos. Escrevi este livro mostrando o caminho que usei para ajudar essas pessoas a tirar do papel seus sonhos e se tornarem investidores no mercado financeiro, mudando o patamar de vida de muitas famílias.

Agora esse caminho está aqui, disponível para você. Ele foi construído com mudança de mentalidade, conceitos importantes, hábitos novos e atividades reais. Você pode andar por esse caminho, que está livre, pavimentado e que busquei deixar o mais fácil possível de seguir, dando a oportunidade para que seja colocado em prática a partir de agora, o que te levará a um estágio melhor.

Essa é a oportunidade que você tem de ter uma explicação mais fácil e profunda desse mundo financeiro que muitas vezes é mostrado de forma complicada de entender. Espero que agarre essa chance e aproveite ao máximo tudo isso!

SOBRE
O AUTOR

Daniel Souza é mestre em Controladoria e Finanças pela Universidade Federal de Uberlândia (UFU). Tem como propósito ajudar as pessoas a melhorar de vida com a educação financeira. Desde 2014, por meio de uma consultoria pessoal, ajuda seguidores do Instagram *@financaspessoais* a sair das dívidas. É investidor na Bolsa de Valores desde 2006, empreendedor e fundador da empresa Queslo, que desenvolve *softwares*, com clientes em todo o Brasil.

SUMÁRIO

PREFÁCIO 7
MINHA HISTÓRIA COM O DINHEIRO 7
APRESENTAÇÃO 9
SOBRE O AUTOR 11
INTRODUÇÃO 19

Capítulo 1 ■ Por que devo investir mais e melhor? 23

    1. Venda 29

    2. Busque a satisfação no longo prazo 29

    3. Não limite seus ganhos 30

    4. Tenha objetivos e metas bem definidos 30

    5. Tenha uma segunda fonte de renda 32

    6. Saiba identificar qual é o seu momento 33

    7. Se interesse de verdade pelo assunto 34

    8. Diminua suas despesas 35

    9. Aumente suas receitas 36

    10. Aprenda a entender os números de uma empresa 36

    11. Saiba filtrar as informações financeiras que você acessa 37

    12. Elimine tarifas e reveja as taxas 37

    13. Aprenda a comparar as taxas dos investimentos 38

14. Evite deixar muito dinheiro parado...39

15. More em um lugar menor...39

16. Avalie o desempenho e o rebalanceamento dos seus investimentos......40

17. Use o cartão de crédito com inteligência.....................................41

☐ **Vamos praticar**.. **43**

Capítulo 2 ■ Mitos e hábitos ruins 45

Mito 1: Investir é só para quem tem muito dinheiro.............................47

Mito 2: Acreditar que existem investimentos que te deixarão rico
da noite para o dia 48

A influência dos hábitos na vida financeira.......................................50

Hábito ruim 1: Deixar de investir todo mês......................................51

Hábito ruim 2: Antecipar sonhos com financiamentos 52

Hábito ruim 3: Olhar com atraso para o que acontece.......................53

Hábito ruim 4: Não pensar no longo prazo 54

Hábito ruim 5: Deixar o medo definir as decisões de sua vida...................55

Hábito ruim 6: Conviver com pessoas que não investem......................57

Hábito ruim 7: Saber o preço de tudo e o valor de nada.....................58

Hábito ruim 8: Cultivar muitos passivos, ao invés de muitos ativos 59

Hábito ruim 9: Nunca começar por achar que não tem conhecimento......60

☐ **Vamos praticar**.. **63**

Capítulo 3 ■ Em qual estágio financeiro você está? 65

Nível 1: Sobrevivência..65

Nível 2: Empatando 66

Nível 3: Sobrando dinheiro, mas usando-o mal....................................67

Nível 4: Liberdade financeira 67

Nível 5: Independência financeira..68

☐ **Vamos praticar**.. **69**

Capítulo 4 ■ Dinheiro nasce em árvore **71**

Tabela 1 — Resumo de como funciona a relação entre os tomates
e o dinheiro. 74

Mudando a sua forma de pensar 75

☐ **Vamos praticar** **77**

Capítulo 5 ■ Verdades e hábitos bons **79**

Verdade 1: É preciso pagar um preço 80

Verdade 2: Só depende de você 81

Hábito bom 1: Invista mais e fale menos 81

Hábito bom 2: Tenha um limite mínimo para investimento por mês 82

Hábito bom 3. Tenha um objetivo bem definido para investir
seu dinheiro 83

Hábito bom 4: Leia mais livros sobre investimentos 83

Hábito bom 5: Regra n° 1– Nunca perca dinheiro. Regra n° 2 –
não esqueça a regra n° 1 84

Hábito bom 6: Avalie se você está fazendo uma despesa ou um
investimento 85

☐ **Vamos praticar** **87**

Capítulo 6 ■ Alguns conceitos importantes **89**

Volatilidade 89

Portfólio ou carteira 90

Diversificação 90

Liquidez 91

Capítulo 7 ■ Por que fazer a reserva de emergência **93**

Reserva para oportunidades 96

Capítulo 8 ■ Os principais tipos de investimentos do mercado financeiro **97**

Fundos multimercados 98

□ RENDA FIXA **101**

Poupança 103

CDB 106

LCI e LCA 108

CRI e CRA 109

RDB 111

LC 113

Títulos públicos 115

    Tesouro Selic 117

    Tesouro Prefixado 117

    Tesouro IPCA 118

    Taxas do Tesouro Direto 121

    Impostos do Tesouro Direto 122

Fundos DI 124

    Fundos cambiais 125

Debêntures 127

□ RENDA VARIÁVEL **130**

Fundos Imobiliários 131

    Fundos de renda ou de tijolo 132

    Fundos de desenvolvimento 133

    Fundos de títulos ou de papel 134

    Fundos de fundos (FoF) 134

    Rentabilidade 135

    Riscos 136

Fundos de ações 138

    A taxa de administração 140

    A taxa de performance 140

    Tributação 141

ETF — Fundos de Índices 142

    Quando comprar um ETF? 143

    Para quem serve? 144

    Tributação 144

    Taxas 144

Ouro 145

Ações 148

    Tributação 151

    Taxas 152

    Declaração anual de Imposto de Renda (IRPF) 152

Criptomoedas 154

COE 156

Comparativos 157

    Poupança x Tesouro Selic 158

    Poupança x Conta em banco digital que paga CDI 159

    LCI x CDB 159

Capítulo 9 ■ O que não é investimento 161

Título de Capitalização 162

Consórcio 162

Loteria 163

Carro particular 164

Casa própria 164

Pirâmides financeiras 165

Capítulo 10 ■ Passo a passo para se tornar um investidor .. 167

Passo 1. Idealize um plano financeiro para sua vida 169

Passo 2. Nova conta em uma corretora de valores 172

Passo 3. Vá fazer sua reserva de emergência 174

Passo 4. Identifique-se melhor na renda fixa 176

COMO COMEÇAR A INVESTIR E TER UMA VIDA RICA

Passo 5. Saia para outras opções na renda fixa 177

   Debênture 1 178

   Debênture 2 178

Passo 6. Teste a renda variável 179

Passo 7. Ações: estude 180

Capítulo 11 ■ Como diversificar investimentos montando uma carteira 183

Carteira com R$1.000,00 185

Carteira com R$10 mil 186

Carteira com R$25 mil 187

Carteira com R$50 mil 188

Carteira com R$100 mil 189

Carteira com R$250 mil 190

Carteira com R$500 mil 191

Carteira com R$1 milhão 193

Caso 1 — Carteira de uma recém-formada 194

Caso 2 — Carteira na terceira idade 197

☐ **Vamos praticar** **203**

CONSIDERAÇÕES FINAIS 205

GLOSSÁRIO 207

REFERÊNCIAS 213

APÊNDICE 1 — RESPOSTAS 215

APÊNDICE 2 — TABELA DE IMPOSTOS 217

ÍNDICE 219

INTRODUÇÃO

Sempre fui curioso em perceber de que modo as pessoas gastam aquilo que recebem, se poupam, como investem, como compram carros, se financiam imóveis para morar, como acumulam bens, se dão mesada para os filhos, como gastam com presentes e o que elas consideram ser alguém bem-sucedido e o conceito de uma vida próspera.

Eu me interessei sobre isso e comecei a estudar a vida das pessoas que mais tiveram destaque naquilo que fizeram. Como o assunto de investimentos sempre me interessou, acabei lendo muito sobre a vida de Warren Buffett,[1] o megainvestidor, e comecei a estudar o modo como ele age com o dinheiro e como ele pensa. Você perceberá isso ao longo deste livro.

Com isso, fui desenvolvendo e melhorando minha própria forma de cuidar do meu dinheiro, tentando ao máximo colocar em prática esses ensinamentos. Acabei cometendo um erro importante no início de minha trajetória. Esse erro me fez redobrar minha atenção, e busquei ter foco em um objetivo maior, que era o de construir um patrimônio que pudesse crescer com o tempo, de forma independente e me trazendo independência financeira.

No início de 2014, criei uma conta no Instagram e comecei a fazer postagens sobre um assunto de que sempre gostei: dinheiro. Imagino que você também goste dele, principalmente no seu bolso. Eu queria compartilhar com as pessoas o que fui aprendendo desde 2006, quando comecei a administrar meu próprio dinheiro e entrei para o mundo dos investimentos de verdade.

---

1 Leia mais sobre a vida de Warren Buffet em: <https://pt.wikipedia.org/wiki/Warren_Buffett>.

Eu ainda tinha algumas dúvidas sobre como conseguiria ajudar de verdade as pessoas com um aplicativo no celular que ainda estava se desenvolvendo.

Fui percebendo com os comentários nas postagens e com as mensagens que recebia que as pessoas tinham muitas dúvidas e dificuldades para saber qual é o melhor investimento no momento, a diferença entre cada um deles, qual a quantia ideal para investir em cada uma das opções, e muitas outras dúvidas que surgiam a partir daí. E hoje vejo que essas dúvidas são resultado da pouca educação financeira que recebemos ao longo de nossa vida.

Percebendo como faltou esse tipo de educação na escola e na família, e depois de ter estudado muito, lendo livros e fazendo cursos, senti a necessidade de passar esse conhecimento adiante. Comecei a ajudar seguidores do instagram @financaspessoais em todo o Brasil a fazer as pazes com o dinheiro e aprender a investir.

Percebi que uma das principais dificuldades das pessoas era lidar com aquelas opções oferecidas pelo banco, que muitas vezes nem são investimentos, mas que, por algum motivo, nos ensinaram de forma errada que são uma opção segura e boa para cuidar o dinheiro. Talvez tenhamos aprendido que isso é normal porque conhecemos muita gente que deixa o dinheiro na poupança, embarca em um título de capitalização, paga uma previdência privada com custos caros, investe em um fundo de investimentos com taxas altíssimas ou acaba caindo em um golpe financeiro com a ganância de ganhar dinheiro rápido.

Muitas pessoas com as quais conversei ao longo desses anos tinham dificuldades na escolha das melhores opções e acabavam deixando o dinheiro na poupança ou na conta-corrente, com nenhum rendimento. Muitas eram médicos, funcionários públicos ou bancários, profissões que tradicionalmente trazem uma boa renda mensal e um bom nível de instrução. A princípio, fiquei sem entender o porquê, já que fazia pouco sentido alguém que teoricamente tem uma boa situação financeira e instrução manter dinheiro em investimentos que rendem pouco e abaixo da média, mesmo existindo opções mais rentáveis e até mesmo mais seguras.

A partir daí, entendi na prática que ter uma profissão reconhecida ou ter um bom salário não é o suficiente para garantir boas decisões financeiras de investimentos. E durante alguns meses de acompanhamento, vi que alguns seguidores, mesmo tendo dinheiro sobrando no final do mês, continuavam deixando de investir em bons investimentos. Em outros casos, mesmo tentando buscar conhecimento na internet ou com parentes ou amigos, as decisões continuavam sendo pouco rentáveis, ou a pessoa nunca conseguia começar a investir de verdade!

Com os resultados de todo esse trabalho, e por ter tido experiência pessoal com investimentos, acabei criando e lapidando um método para ajudar o brasileiro a investir o próprio dinheiro de forma inteligente, gastando melhor e recebendo mais a cada mês. Criei o método INVISTA, com base na estratégia que usei com meus investimentos e com aquilo que aprendi ajudando dezenas de pessoas em todo o país com uma consultoria personalizada.

Quero que você aproveite cada página aqui. Tudo isso foi baseado em conceitos que fui aprendendo lendo muitos livros, estudando sozinho, com alguns cursos e, principalmente, com uma vivência prática. Procurei organizar aqui, da forma mais simplificada e fácil possível, tudo aquilo que é preciso para começar. Foi um trabalho que levou anos, em que recuperei centenas de e-mails enviados e recebidos na consultoria e que foi sendo melhorado durante muito tempo desde que comecei a escrever este livro, buscando as melhores palavras e o modo mais simples para transmitir o conhecimento.

Tudo que está escrito aqui faz parte de um método que eu mesmo usei também comigo (com algumas adaptações) e que funcionou. Depois disso, pessoas reais em todo o Brasil puderam ter progressos verdadeiros na vida seguindo a mesma estratégia, com uma nova forma de pensar sobre o dinheiro. Desejo que este livro sirva para um novo começo prático em suas finanças e que, com isso, você possa ser ainda mais feliz, conseguindo realizar seus sonhos com a ajuda dos investimentos.

POR QUE DEVO INVESTIR MAIS E MELHOR?

OBJETIVO DO CAPÍTULO:

Entender os benefícios que uma pessoa tem investindo dinheiro ao longo da vida, sugerindo dicas práticas que fazem a diferença na escolha de investimentos.

Muitas pessoas acabam investindo em alguma coisa. Grande parte delas compra terrenos, faz consórcios e seguros de vida, investe na previdência privada, tem o CDB do banco, aluga imóveis e deixa bastante dinheiro na poupança.

Outras pessoas acreditam que estão investindo, mas estão perdendo dinheiro apostando ou sendo vítimas de algum tipo de golpe. E nem se dão conta disso. Acabam sendo influenciadas por aquela promessa de ganho em sorteios, pelo parente que diz se dar bem especulando no mercado de ações ou por uma proposta de ganhar dinheiro com pirâmides financeiras.

VOCÊ SABIA?

Em 2019, menos de 1% da população brasileira investia na Bolsa de Valores, enquanto nos EUA, mais de 50% investiu nela.

Muitas vezes, mesmo conversando com parentes e amigos próximos, assistindo ou lendo notícias e até fazendo alguns cursos que existem por aí, as pessoas acabam seguindo um caminho que as leva a achar interessante investir, mas nunca colocar em prática. Se começam a investir, escolhem opções com pouca rentabilidade, e algumas vezes até têm prejuízos financeiros. Ou, pelo menos, aproveitam pouco o potencial que os verdadeiros bons investimentos realmente têm.

Por seguir um caminho duvidoso e muitas vezes ligado a interesses de instituições, essas pessoas acabam tendo uma experiência ruim, justificando a pouca iniciativa de investir, às vezes até subconscientemente. Acabam ignorando como investir melhor o que recebem, deixando de fazer o dinheiro trabalhar por elas.

Para quem quer chegar à liberdade e independência financeiras, deixar de lado a dedicação nos investimentos é um erro comum e fatal. De que adianta ter uma boa renda, se vai gastar sem preocupações e investir mal? Ter um bom salário é só o começo. É necessário saber investir e aprender a viver buscando aquilo que faz o patrimônio aumentar mais ao longo do tempo.

É um erro colocar foco excessivo em receber mais quando se esquece ou se dá pouca importância em gastar bem. São muitos os casos de pessoas com quem conversei na consultoria que tinham esse comportamento e que precisavam de ajuda. As palavras de Henry Ford realmente valem muito: "Não nos tornamos ricos graças ao que ganhamos, mas ao que não gastamos."

A promessa de ficar rico da noite para o dia vem na forma de jogos, como a loteria e os títulos de capitalização com sorteios. E para quem quer cuidar do futuro, as opções de investimentos favorecem mais ao banco que ao cliente. Somos bombardeados por anúncios e estimulados a comprar a todo momento. Tudo isso é agravado pela velocidade e a disponibilidade com que essas informações chegam até nós, estimuladas pela tecnologia, por propagandas e pelo marketing digital. Pelo fato de as pessoas estarem cada vez mais ansiosas, distraídas e com menos paciência, muitos se tornam presas fáceis de empresas que criam campanhas publicitárias que se encaixam nesse perfil de vida, levando as pessoas a gastar muito e investir pouco ou nada.

Percebi, com todas as pessoas que atendi, que existe um padrão muito claro: elas aceitam viver reféns de todo esse sistema. Normalmente, não questionam essa realidade e nem as próprias decisões que tomam sobre o dinheiro e investimentos. Muitas vezes, investem sob a influência de familiares e amigos, e nem sempre porque querem ou por ter estudado a respeito e tirado as próprias conclusões. E na ânsia por ganhar dinheiro rápido, com frequência acabam jogando na loteria, por exemplo. E também aceitam pagar altas taxas de administração em produtos bancários que trazem pouco retorno e que podem ser menores ou gratuitas. Na maioria das vezes, nem sabem se ou quanto pagam por isso, e nem quanto que deixam de ganhar em outros investimentos.

Na imagem a seguir, ilustramos esse comportamento. Comparamos uma pessoa que tem uma boa quantia de dinheiro e que investe de forma "preguiçosa". Veja que a quantia total ao final do período é a mesma de uma pessoa que tem menos dinheiro inicialmente e investe melhor!

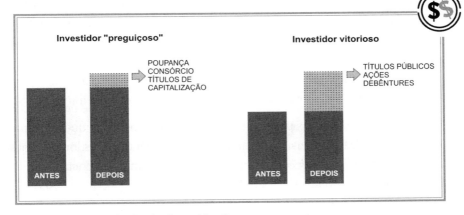

Figura 1 — Investidor 1 x Investidor 2.

É claro que faz uma grande diferença ter uma quantia maior de dinheiro para investir ao longo do tempo. O rendimento dos investimentos financeiros é dado em porcentagem, e, apesar da porcentagem ser a mesma, quanto maior for essa quantia aplicada, mais você ganhará numericamente. Veja a seguir:

1.000% DE R$100 SÃO R$1.000, E OS MESMOS
1.000% DE R$100.000 SÃO R$1.000.000

Devemos investir melhor para realizar mais de nossos sonhos, de forma livre, mais barata, preservando a segurança e evitando riscos desnecessários.

Devemos investir melhor porque, além da oportunidade de multiplicar o dinheiro (recebendo juros de investimentos), evitamos pagar juros altos quando pegamos dinheiro emprestado, acumulando mais dinheiro. Assim, é possível comprar, por exemplo, um apartamento em melhores condições, com um preço final que pode chegar a ser três vezes mais barato sem os juros! Isso permite que você realize mais sonhos ao longo de sua vida.

Investir é uma combinação de receber, gastar e economizar (poupar). Para investir bem, é preciso receber mais, gastar bem e, com isso, economizar. Tem o propósito de aumentar aquilo que você recebe ao longo do tempo, criando um círculo virtuoso de retroalimentação multiplicadora, fazendo o dinheiro trabalhar para você, e não o contrário.

Não é preciso pagar juros absurdos para realizar sonhos. Você não precisa do dinheiro de ninguém para ser próspero. Você pode conseguir o melhor dessa vida por si só, com aquilo que você tem, multiplicando seus próprios recursos. Ao pegar dinheiro emprestado em bancos na forma de financiamentos e empréstimos, você sacrificará mais anos de sua vida para pagar caro essa dívida do que se investisse com um pouco de paciência e inteligência.

Isso explica por que as pessoas se endividam por décadas: querem ter as coisas agora, a qualquer custo. Pensar diferente faz chegar mais longe, sendo um motivo a mais para você começar a investir. Ter dinheiro alocado em vários tipos de investimentos também te ajudará a ter mais opções de escolhas, te imunizando contra dívidas e "imprevistos".

Para se ter uma ideia, investindo hoje R$100,00 na poupança em seu banco (que nem de longe não é o melhor investimento que existe), daqui a 10 anos você conseguirá comprar uma roda de uma moto. Ao contrário, se você pegar hoje R$100,00 emprestado no banco, daqui a 10 anos você poderá estar devendo uma moto 0 km!

Pequenas atitudes constantes ao longo do tempo geram um grande resultado. Em uma corrida de Fórmula 1, milésimos de segundos podem separar o primeiro do segundo colocado. Mas o prêmio que o primeiro lugar recebe é muito maior do que o prêmio do segundo lugar! O dinheiro investido todo mês trará um grande resultado para sua vida financeira com o passar do tempo, te trazendo um desempenho muito superior, se feito constantemente, e que pode ser potencializado com boas estratégias de investimentos.

No Capítulo 4, "Dinheiro nasce em árvore", esse mecanismo de fazer o dinheiro trabalhar para você (e não o contrário) fica muito claro!

Quer um outro bom motivo para investir melhor? Sua aposentadoria exigirá uma boa quantia de dinheiro. A fonte de renda do trabalho acabará, e as despesas com saúde e conforto aumentarão. Como você tem se planejado para isso?

Talvez você ainda não tenha percebido a gravidade desse problema ou esteja contando com aquilo com que você contribuiu para a previdência. Mas a má notícia é que tanto a previdência pública quanto a previdência privada são insuficientes para manter o padrão de vida de uma pessoa, e elas podem acabar a qualquer momento!

No caso da previdência pública, as regras mudam de tempos em tempos, aumentando a quantidade de anos para se aposentar e diminuindo benefícios. E existe um teto máximo para receber, que é insuficiente para um cidadão idoso viver dignamente. Nossa população está vivendo cada vez mais, e a quantidade de jovens trabalhando para pagar essa conta está cada vez menor. Menos gente para pagar e mais gente para usar! Temos um problema claro de arrecadação, o rombo é grande e o sistema pode entrar em colapso a qualquer momento!

No caso da previdência privada, a rentabilidade desse investimento costuma ser bem pequena, se comparada aos investimentos mais tradicionais. A grande quantidade de taxas e impostos cobrados prejudica a multiplicação do dinheiro ao longo do tempo. E além disso, se a instituição quebrar, você tem grandes chances de perder toda a sua aposentadoria!

Outro motivo pelo qual devemos investir é que dinheiro atrai dinheiro. Semelhante atrai semelhante. O que acontece se jogarmos um copo de água na terra seca? Rapidamente a água se perderá. Pelo contrário, quando abrimos a torneira de casa, a água passa pelo encanamento, em direção ao rio (água). E a água do rio vai para o mar (água). Quando investimos, criamos um efeito multiplicador semelhante, que faz com que mais riqueza seja gerada em nossa vida, aumentada pelos investimentos. É um fluxo contínuo!

Figura 2 — Efeito multiplicador do dinheiro por meio de investimentos.

Um alerta importante: se você chegou a este livro mas cultiva dívidas que estão sufocando sua vida financeira, recomendo que dê uma pausa na leitura e leia meu livro sobre como sair das dívidas. Além disso, indico mais alguns outros livros que são importantes para construir uma mente próspera.

PARA SABER MAIS

Veja aqui uma lista de livros para serem lidos antes de começar a investir: <https://www.financaspessoais.net.br/lista-livros-antes-investir>.

Independentemente de quanto você tenha hoje reservado para investimentos, aprenderá de modo prático como investir de forma fácil e respeitando as leis, evitando armadilhas que muitas vezes se parecem com investimentos, mas que não multiplicam seu patrimônio. O tamanho dessa diferença na Figura 1 será fundamental para que, no futuro, você conquiste sua independência financeira, deixando sua vida mais leve e fazendo o dinheiro trabalhar a seu favor.

Destaquei as principais práticas de investimentos que funcionaram com clientes da consultoria e que uso pessoalmente em minha vida. Reflita a respeito do seu caso e tente aplicá-las o máximo possível no seu dia a dia. Quer aprender a investir?

1. VENDA

Para investir mais, você precisa de dinheiro. Para ter dinheiro, um bom método é saber vender.

Independentemente da profissão que temos, vendemos alguma coisa. Trocamos por dinheiro, produtos, serviços para clientes ou a força de trabalho para uma empresa. É possível ter mais renda em sua profissão aprendendo e praticando as técnicas de vendas, mesmo sendo tímido, introvertido ou nunca tendo trabalhado com vendas. Você pode buscar por livros ou cursos especializados no assunto e melhorar ainda mais sua renda com mais clientes!

Você pode receber muito mais fazendo mais do que é pedido hoje. Por exemplo, se você trabalha com vendas, pode continuar fazendo o seu trabalho e ajudando os outros vendedores da equipe a ter melhores resultados, auxiliando seu coordenador nas atividades acima de seu cargo. O mais natural é que, com o tempo, a empresa reconheça o seu esforço, e caso algum dia o coordenador saia da empresa, seu nome será bem cotado para assumir o cargo.

2. BUSQUE A SATISFAÇÃO NO LONGO PRAZO

Um dos maiores erros de quem quer ter sucesso na multiplicação de dinheiro investindo é continuar buscando a satisfação instantânea. Pensando assim, os gastos supérfluos se justificam e um estilo de vida de consumo imediato é entendido facilmente.

Planejar a realização dos sonhos de longo prazo pode ser prazeroso, permitindo que você os alcance com mais inteligência financeira e gastando muito menos. Com os investimentos, você poderá chegar ao seu objetivo de modo mais barato e próspero!

3. NÃO LIMITE SEUS GANHOS

Você até pode criar um limite para suas despesas (e até deve!), mas nunca deve ter um limite para suas receitas. Esse é um assunto delicado, mas se ao final de um mês trabalhado você tem um ganho fixo ou que praticamente não se altera, deve repensar o que está fazendo!

Mesmo trabalhando para alguém (empresa ou governo), você pode tirar a limitação de seu salário, começando a construir um patrimônio sem limites para crescer, tendo outras fontes de renda.

Grande parte dos milionários ficou rica por meio do empreendedorismo e de negócios que eles criaram. Então, crie seu negócio (mesmo que seja em paralelo) e tenha também ganhos ilimitados! Isso te fará investir mais, acelerando seu processo de enriquecimento.

4. TENHA OBJETIVOS E METAS BEM DEFINIDOS

Para ter mais dinheiro para investir, é preciso que você defina um objetivo principal claro. A partir daí, é possível criar e executar um plano para atingir esse propósito.

Por exemplo, seu objetivo é acumular dinheiro para o casamento.

Ter um objetivo realizado exige persistência e que se abra mão de algumas coisas. Uma visão clara de onde se quer chegar abrirá o caminho para que o sonho se torne realidade!

Se seu objetivo é custear o casamento, você deve dividi-lo em metas para conquistá-lo!

Meta é uma quantia numérica, que é associada a uma data. Quando você faz isso, começa a criar realidade. Definir quando e quanto é o primeiro passo em direção ao sucesso de seus objetivos. Fazer isso é como ter um GPS ou um mapa: você sabe onde está e aonde quer chegar. Sem objetivos e metas, você está perdido e não sabe para onde vai!

Suas metas precisam ter como base de quanto dinheiro você precisa para pagar as despesas com o casamento, de quanto tempo você precisa para realizar os pagamentos e qual é a quantia mensal que você poupará para isso. Do contrário, tudo fica (literalmente) apenas no sonho (ou nas dívidas...).

Por exemplo, a meta para o casamento pode ser acumular R$80 mil em 3 anos.

As metas podem e devem ser divididas em submetas. No exemplo, acumular R$80 mil em 3 anos (meta) pode ser dividido no esforço do casal em poupar R$2.222,22 em cada um dos 36 meses (submetas). A partir de agora, você já sabe do quanto precisa mensalmente para conquistar seu objetivo. E é agora que entram os investimentos: você pode investir essa quantia todo mês, e ao final de 3 anos terá mais que R$80 mil para o grande dia, podendo usar a diferença dos rendimentos na lua de mel, por exemplo. Não é ótimo?

Quanto mais for possível dividir a meta em submetas, mais fácil se torna alcançá-la!

Segundo uma pesquisa de Thomas Corley:

- 67% dos ricos escrevem suas principais metas.
- Apenas 17% dos pobres escrevem suas principais metas.

De qual desses grupos você quer fazer parte?

> "UM SONHO É APENAS UM DESEJO, ATÉ O MOMENTO EM QUE VOCÊ COMEÇA A ATUAR SOBRE ELE E PROPÕE-SE A TRANSFORMÁ-LO EM UMA META."
>
> **MARY KAY ASH**

> "FAÇA O TEU MELHOR, NA CONDIÇÃO QUE VOCÊ TEM, ENQUANTO VOCÊ NÃO TEM CONDIÇÕES MELHORES, PARA FAZER MELHOR AINDA!"
>
> **MÁRIO SERGIO CORTELLA**

5. TENHA UMA SEGUNDA FONTE DE RENDA

Todos nós sabemos, e é bastante óbvio que é necessário diminuir despesas e aumentar as receitas para ter uma vida financeira mais tranquila e investir melhor. Quanto mais você aumenta a receita e diminui a despesa, mais dinheiro terá (abastança), te trazendo mais liberdade para decisões futuras, te imunizando de surpresas e te dando mais oportunidade de investir.

Mesmo que você tenha um emprego, trabalhe para o governo ou já tenha alguma atividade remunerada, nada impede que tenha um negócio próprio de que você goste e consiga renda por meio dele.

Ter uma segunda fonte de renda não só permite ter um plano B, caso a principal fonte de renda acabe, mas também ajuda a acelerar seu plano de independência financeira, iniciando pela reserva de emergência, aumentando suas possibilidades financeiras com o tempo.

No caso de um negócio digital com vendas pela internet de produtos ou serviços, você ainda tem a possibilidade de começar investindo pouco dinheiro, usando as redes sociais e sites. Esse tipo de negócio permite, por meio do ganho de escala, evitar trocar tanto tempo por dinheiro, podendo trazer mais satisfação pessoal, liberdade financeira e até liberdade geográfica, fazendo o dinheiro trabalhar para você, e não o contrário.

Figura 3 — Trabalhar com um negócio digital funciona assim.

Na verdade, isso aconteceu comigo. Em 2015, com um notebook empres- tado, com um emprego paralelo e com praticamente zero de investimento ini- cial, fiz, nas horas vagas, um sistema que gerenciava a academia de uma ami- ga. Com o software pronto, criei um site e comecei a divulgar esse trabalho na internet e nas redes sociais para outras academias, com custo zero.

Hoje a Queslo atende clientes em todo o país, nos mais variados ramos de fitness, escolas e órgãos públicos, diversificando os produtos e o público. Desde quando nasceu, a empresa só traz lucros!

Então você é capaz de fazer o mesmo e muito mais! Coloque a ideia de seu novo negócio em prática, comece e não desista. São muitas as oportuni- dades no mundo digital, na venda de produtos físicos e no oferecimento de serviços úteis para a sociedade.

> "NUNCA DEPENDA DE UMA ÚNICA FONTE DE RENDA. FAÇA INVESTIMENTOS PARA CRIAR UMA SEGUNDA FONTE."
>
> **WARREN BUFFETT**

6. SAIBA IDENTIFICAR QUAL É O SEU MOMENTO

Recebo muitas perguntas de pessoas que querem começar a investir e ganhar dinheiro com isso. Antes de tudo, pergunto se essa pessoa cultiva dí- vidas. Algumas delas respondem que sim. É complicado investir para multi- plicar o capital tendo dívidas que crescem mais rápido que o que se ganharia investindo com pouco risco.

Mesmo em um cenário de juros baixos, é muito raro valer a pena manter uma dívida e fazer bons investimentos. O ideal é você quitar essas dívidas, principalmente as mais caras, como cheque especial e cartão de crédito. Inves- tir mantendo dívidas normalmente não vale a pena, financeiramente falando, já que os juros das dívidas são maiores que os juros pagos por investimentos.

Saiba identificar qual é o seu momento. Talvez a hora não seja de investir agora. Caso você tenha comprado este livro e esteja nessa situação, leia primeiro o meu livro *Como acabar com as dívidas e ter uma vida feliz*. Nele você encontra um método testado e que funciona para eliminar todas as suas dívidas em definitivo.

Se você já acabou de quitar aquelas dívidas com juros altos, aí, sim, é o momento de pensar em investir. Um bom começo é se prevenir contra adversidades, construindo uma reserva de dinheiro que te proteja de emergências financeiras, como um acidente ou uma demissão.

Agora, se você já tem um dinheiro guardado, mesmo que esteja na poupança, e quer começar a investir melhor, você está em outro momento, de estudo e aprendizado de um novo mundo, cheio de possibilidades. Esse livro te dará a base para entendê-lo, podendo proporcionar aumento de riqueza.

Não tente pular essa ordem. Primeiro fique livre das dívidas caras, depois invista.

7. SE INTERESSE DE VERDADE PELO ASSUNTO

Criar o hábito de ler bons conteúdos sobre finanças com frequência te tornará um investidor vitorioso. Você pode fazer isso lendo dados empresariais, comprando bons livros sobre o assunto e tendo acesso a outros dados que podem ajudá-lo a tomar melhores decisões de investimentos. Muitos desses conteúdos estão disponíveis na internet gratuitamente, basta saber escolher com sabedoria.

PARA SABER MAIS

Acesse uma lista atualizada de sites especializados, aplicativos com informações e livros que considero essenciais em: <https://www.financaspessoais.net.br/conteudo-para-investidor>.

Não confunda se interessar pelo assunto com consumir conteúdos superficiais. Assistir diariamente ao noticiário ou telejornais nacionais, focados em informações que já no próximo dia terão pouca utilidade, não é a resposta. Saber sobre a cotação do dólar ou o fechamento da Bolsa de Valores no dia é muito pouco.

Além disso, as "dicas quentes" de alguns analistas de mercado, de sites de finanças com notícias e até mesmo produtos oferecidos pela sua corretora devem ser muito bem analisados. Existem muitos interesses por trás de indicações como essas. O ideal é você ir desenvolvendo seus próprios conceitos sobre investimentos.

Dedicar-se principalmente à leitura de bons livros sobre finanças, investimentos e empreendedorismo proporcionará um conhecimento para toda a vida e que não se inutiliza. E isso será capaz de mudar seu patamar financeiro, te ajudando a atingir sua independência financeira.

DE QUAL FONTE VOCÊ BEBE?

8. DIMINUA SUAS DESPESAS

Isso fará com que você tenha mais dinheiro para investir. Ganhar mais pode te dar condições de investir mais, mas se você não gastar melhor, não terá grandes resultados.

Existem muitas coisas que você pode fazer para diminuir suas despesas. É preciso ter em mente que você só conseguirá investir com qualidade se viver um degrau ou mais abaixo do padrão de vida que pode ter. Em meu primeiro livro, existe uma lista grande de muita coisa que você pode fazer para conseguir isso.

Alguns exemplos de como você pode diminuir suas despesas são: rever planos de assinaturas, comprar usado sempre que possível, aprender a se vestir de forma otimizada, usar a regra dos trinta dias, e muito mais!

9. AUMENTE SUAS RECEITAS

Existem várias formas de você aumentar a sua renda, e isso acontecendo, você conseguirá investir mais.

Hoje, com a internet, você pode, com algumas horas diárias, escrever um bom e-book ou desenvolver um sistema e disponibilizá-lo online, vendendo na internet para clientes. Ou pode começar a vender produtos em lojas físicas e/ou virtuais, em sites como o Mercado Livre ou em um e-commerce próprio. A vantagem desse tipo de negócio é que você evita trocar tempo por dinheiro, tendo ganho de escala, tornando sua renda ilimitada.

Outra forma é se desfazendo de alguns bens. Esse é um ótimo hábito para o seu bolso. Dá para fazer isso em sites de venda de usados, como a OLX, ou em brechós, onde você pode se desfazer de roupas, sapatos e itens de vestuário. Além de recuperar um bom dinheiro, esse é um exercício psicológico saudável. Doar para alguém que precisa é também uma atitude positiva e recompensadora. Além da vantagem financeira, vender itens pessoais organiza melhor sua vida, fazendo você ganhar espaço, diminuindo preocupações, responsabilidades e despesas.

10. APRENDA A ENTENDER OS NÚMEROS DE UMA EMPRESA.

Alguns bons investimentos disponíveis para a pessoa física podem ser feitos em empresas, por meio da compra de ações, por exemplo. E para fazer boas escolhas, é preciso saber entender e analisar os números da empresa. É preciso estudar como funciona a parte contábil, os resultados trimestrais, os indicadores financeiros, a demonstração do resultado de exercício (DRE), e muito mais.

O estudo constante dos dados empresariais fará a diferença para o seu bom desempenho nos melhores investimentos disponíveis. Saber se a cotação de uma ação está "barata" ou "cara", verificar a situação financeira de uma empresa que emite debêntures ou se a gestão de um fundo imobiliário tem cuidado para que os imóveis busquem a locação máxima são exemplos de um conhecimento que se obtém com esse entendimento.

PARA SABER MAIS

Para entender melhor como funcionam esses números, veja os aplicativos e sites que eu uso para analisar os dados empresariais consolidados para consulta em: <https://www.financaspessoais.net.br/ferramentas-para-investidor>.

11. SAIBA FILTRAR AS INFORMAÇÕES FINANCEIRAS QUE VOCÊ ACESSA

As instituições bancárias, a mídia paga na internet e na televisão e até as corretoras de valores têm interesse comercial na venda de produtos de investimentos pouco rentáveis ao investidor, e mais rentáveis a eles próprios ou às empresas anunciantes.

Até mesmo sites especializados em criação de conteúdos para o mercado financeiro têm uma linha editorial e matérias pagas a fim de promover produtos financeiros. Os livros são boas alternativas para fugir disso, tendo normalmente um conhecimento mais técnico, proporcionando maior aprendizado.

Portanto, fique atento! Evite fazer investimentos baseado em propagandas ou e-mails recebidos. Quase sempre esses são investimentos fracos disfarçados de bons negócios. Sempre que você se deparar com promoções, CDBs com rentabilidade garantia "só até hoje" ou fundos de investimentos que estão fechando para captações a qualquer momento, desconfie.

12. ELIMINE TARIFAS E REVEJA AS TAXAS

Hoje em dia, não faz mais sentido pagar tarifas mensais de manutenção de conta bancária para saques ou para fazer transferências do tipo TED ou DOC, por exemplo.

As contas de bancos digitais são mais práticas, e os serviços são mais rápidos e até melhores que os da maioria dos bancos tradicionais.

Sobre pagar tarifas de contas bancárias, avalie a real necessidade disso. Hoje temos contas digitais que têm um serviço igual ou até melhor que muitos bancos, mesmo aqueles que têm nome mais "gourmet". Concentre ao máximo tudo o que precisa em uma única conta digital, fazendo portabilidade de salário e encerrando contas com pouco uso. Assim, além de evitar gastar com tarifas e manutenção, você pode colher os benefícios da fidelização ao banco, melhorando o controle de suas finanças pessoais.

No caso de sua corretora, avalie o que você paga de tarifas. Hoje não faz mais sentido as cobranças como as de taxa de custódia (manutenção de conta) e de transferência de recursos. Outras taxas já podem ser encontradas com isenção em algumas corretoras, como a taxa de corretagem para compra de fundos imobiliários e ações.

Lembre-se: quanto menos coisas para controlar, mais fácil.

13. APRENDA A COMPARAR AS TAXAS DOS INVESTIMENTOS

É muito importante analisar quais são as taxas que você está pagando, principalmente de fundos de investimentos. Algumas dessas opções cobram taxas de administração e de performance muito altas, e a rentabilidade nos últimos cinco anos é baixa, corroendo todas as possibilidades de ganhos. Isso fará toda a diferença caso você escolha ter esse tipo de investimento.

Taxas de administração acima de 2% ao ano já começam a inviabilizar a rentabilidade de muitos fundos de investimentos, sendo que alguns ainda cobram uma taxa adicional de performance.

Sempre leia os contratos, o site da B3, do Tesouro Direto, da CVM e condições ofertadas.

Observe sempre os investimentos com taxas de administração mais baratas e com bom desempenho ao longo dos últimos anos. Isso potencializará a rentabilidade de seu patrimônio, fazendo grande diferença em seu retorno no longo prazo.

14. EVITE DEIXAR MUITO DINHEIRO PARADO.

Deixe apenas o necessário na conta-corrente.

Deixar o dinheiro parado pode fazer você não aproveitar boas oportunidades de investimentos no mercado. A não ser que isso faça parte de um plano muito elaborado, como uma reserva de oportunidades, quando já se tem uma boa experiência com os investimentos, essa estratégia pode fazer sentido, alocada em um investimento com liquidez diária.

Isso também vale para o dinheiro na carteira ou em casa. Além da possibilidade de perder as notas por aí ou de ser roubado, andar com muito dinheiro na carteira ainda pode estimular o consumo por impulso. Além disso, com o tempo, as coisas aumentam de preço (inflação), e com dinheiro parado, você perde poder real de compra.

Se sua conta-corrente é daquelas que têm o rendimento de 100% do CDI, o ideal é deixar lá apenas aquele dinheiro de que você sabe que precisará dentro do mês para pagar as contas. Caso você esteja formando sua reserva de emergência, lá também pode ser uma boa opção para manter essa reserva.

Além de tudo isso, muito dinheiro em espécie com você pode trazer perdas. Você pode usá-lo para investir e render juros diários, evitando deixar de fazer os juros compostos renderem a seu favor. Uma quantia razoável te fará aproveitar oportunidades com pagamento à vista em espécie, mas sem precisar de exageros que começam a prejudicar ou evitar ganhar mais investindo.

15. MORE EM UM LUGAR MENOR.

Um dos princípios centrais da geração de riqueza é viver um degrau ou mais abaixo do padrão de vida máximo em que você poderia viver. Seja um imóvel próprio ou alugado, escolher um local menor dentro de suas necessidades fará você ter uma grande folga financeira, podendo ter a possibilidade de investir essa diferença, pensando em conquistar algo melhor no futuro.

Isso vale também para quem está se livrando de algumas dívidas. Muitas vezes, nos encontramos cercados por espaços vazios e objetos sem real utilidade, o que pode afetar até mesmo a convivência familiar, pela falta de maior proximidade física. Você não precisa de um lugar gigante e caro para viver. Às vezes, essa é apenas uma questão de desejo, e não uma real necessidade. Vale a reflexão!

16. AVALIE O DESEMPENHO E O REBALANCEAMENTO DOS SEUS INVESTIMENTOS

É difícil concordar que poupança seja um bom investimento, por exemplo. Houve um tempo em que ela tinha uma rentabilidade superior à de alguns CDBs e até poderia fazer sentido em alguns poucos casos. As regras mudaram, e muitas vezes seus investimentos não! E eles devem mudar ao longo do tempo.

Existem investimentos que são mais ou menos atrativos que outros, dependendo das condições políticas, da economia.

O Brasil tem um histórico de períodos de alta inflação e juros altos. Em momentos de maiores crises, normalmente alguns investimentos de mais longo prazo passam a se tornar mais atrativos, como os Títulos Públicos, que normalmente pagam bons juros.

Eu mesmo consegui aproveitar algumas oportunidades por volta de 2016. Comprei Títulos do Tesouro IPCA 2035 que estavam sendo oferecidos a uma taxa fixa de 7% + IPCA e algumas debêntures a 10% ao ano.

Esse foi um bom momento para eu fazer um rebalanceamento de meus investimentos. Aumentei minha posição em renda fixa, garantindo um rendimento bastante interessante até o ano de 2035.

Isso não só pode como deve mudar com o tempo, e é por isso que é preciso ficar atento e estudar o funcionamento dos mercados.

Além disso, ter um controle dos investimentos, por meio de um app ou de uma planilha, te ajudará a gerenciar melhor seus investimentos, facilitando a análise e as decisões sobre rentabilidade e alocação de recursos.

17. USE O CARTÃO DE CRÉDITO COM INTELIGÊNCIA.

Se você usa um cartão de crédito, pode organizar suas finanças verificando sua fatura online toda semana, controlando os gastos de forma eletrônica.

Além disso, pode organizar seu fluxo de caixa tendo trinta dias para pagamento. O ideal é separar a quantia para investimentos antes, e o restante você usa para pagar a fatura e demais despesas.

Se você tem dois ou mais cartões de crédito, reveja a real necessidade disso. Normalmente, cada instituição cobra uma anuidade para oferecer serviços que algumas pessoas nem utilizam, como programa de trocas por produtos, recompensas, concierge e seguros, que nesses casos são pagos sem necessidade.

Se você tem vários cartões de crédito só para ter um limite maior para gastos, essa é uma prática ruim e que deve ser abandonada. Esse é um passo largo para você cair no endividamento cultivando dívidas.

É geralmente no início do ano que as operadoras de cartão de crédito incluem a anuidade em sua fatura. Pelo fato de o cliente ter algum débito com o banco e/ou por não ter o hábito de conferir a fatura, as operadoras de cartões aproveitam para fazer a cobrança total da anuidade.

Para resolver isso, ligue no telefone de seu cartão e peça a negociação de sua anuidade. Como em toda negociação, você precisa de bons argumentos para isso. Alguns clientes de nossa consultoria conseguiram sucesso com desconto de 60% e até 100% do que era cobrado anualmente. Caso você não use os benefícios de seu cartão, busque aproveitá-los, principalmente se você viaja de avião, ou avalie trocar por um cartão de crédito sem anuidade.

Alguns bons argumentos na hora de negociar são: anuidade cobrada muito fora da média das anuidades pagas nos últimos três anos, fidelização com outro banco (de preferência digital), cartão de crédito com melhores condições oferecido por outro banco, benefícios de milhas usados poucas vezes ou pouco vantajoso, etc. Use esses argumentos se fizer sentido para o seu caso!

Na maioria dos casos de uso e gastos razoáveis com cartão de crédito, o benefício que normalmente mais vale a pena é a troca por passagens aéreas.

Aurora (nome alterado), cliente da consultoria em São Luís, MA, acumulou pontos com compras (anualmente cerca de 20 mil pontos) e nem sabia que estavam acumulados em seu cartão e que poderia utilizar. Orientamos esse resgate na época, que foi transferido para o programa de fidelidade de passagens aéreas. Muitas pessoas acabam perdendo essa oportunidade com milhas expiradas todos os anos.

Nesse e em vários outros casos, vale a pena pagar a anuidade. Em alguns casos com negociação, a anuidade fica em cerca de R$100,00, e pode até ser gratuita, dependendo de seu perfil. Com o benefício de 20 mil pontos, dependendo das condições promocionais, é possível trocar por passagens aéreas equivalentes a R$1.000,00, como foi o caso de nossa cliente.

> "VOCÊ SÓ TEM QUE FAZER ALGUMAS COISAS CERTAS EM SUA VIDA, CONTANTO QUE VOCÊ NÃO FAÇA MUITAS COISAS ERRADAS."
>
> **WARREN BUFFETT**

VAMOS PRATICAR

1. Assinale (V) Verdadeiro ou (F) Falso.

☐ Buscar a satisfação no longo prazo é mais vantajoso financeiramente que a satisfação imediata.

☐ Depender de uma única fonte de renda é perigoso e pode ser um empecilho ao meu enriquecimento.

☐ Na TV não encontro conteúdo profundo e suficiente sobre investimentos.

☐ Viver um degrau ou mais abaixo do padrão de vida que posso ter me ajudará a manter as despesas controladas.

☐ Vender coisas que não uso não aumentará minhas receitas.

☐ Saber analisar os números de uma empresa fará minha performance nos investimentos melhorar.

☐ Sites de notícias, propagandas de corretoras ou o que o meu banco me oferece são boas referências para eu tomar minhas decisões de investimentos.

☐ Deixar bastante dinheiro na carteira é vantajoso.

☐ Comparar taxas e impostos entre os investimentos é muito importante.

☐ É importante, de tempos em tempos, analisar os investimentos.

☐ Rebalancear meus investimentos ao longo do tempo me trará mais retorno no longo prazo.

☐ Eu consigo eliminar todas as tarifas bancárias se eu quiser.

☐ Pagar apenas a parcela mínima do cartão de crédito não é uma boa ideia.

☐ Morar em um lugar menor e mais simples pode potencializar meus investimentos financeiros.

☐ É possível usar o cartão de crédito de forma que ele me traga mais benefícios do que prejuízos.

☐ Usar o cheque especial de minha conta é prático e uma boa ideia

2. Escreva pelo menos cinco motivos pelos quais você deve começar a investir melhor hoje:

1º Motivo: _____

2º Motivo: _____

3º Motivo: _____

4º Motivo: _____

5º Motivo: _____

3. Em qual tipo de aposentadoria é mais garantido que eu tenha mais dinheiro no futuro?

☐ Na aposentadoria do governo (Previdência Pública — INSS).

☐ Na aposentadoria dos bancos (Previdência Privada).

☐ Na aposentadoria pessoal (feita com bons investimentos próprios).

☐ Em nenhuma delas.

MITOS E HÁBITOS RUINS

OBJETIVO DO CAPÍTULO:

Mostrar crenças limitantes e práticas que devem ser excluídas da mente daqueles que querem fazer bom uso do dinheiro com investimentos.

Quem deixa de investir parte do próprio dinheiro todo mês tem praticado um hábito ruim. Assim como fumar pode causar problemas graves de saúde, quem gasta tudo pode falir e causar graves problemas na saúde financeira. E esses hábitos podem ter sido implantados em nós de uma forma que nem imaginamos.

Desde criança, sofremos a influência de pessoas que vão afetando nosso desenvolvimento. Essa influência vem da escola, da convivência com amigos e da família. O cultivo de alguns hábitos aprendidos desde os primeiros anos de vida e a crença em mitos financeiros levam ao empacamento patrimonial, dificultando a geração de dinheiro e a riqueza quando adulto.

A família tem um papel fundamental em nossa formação financeira, podendo nos influenciar muito de forma positiva ou negativa com relação ao dinheiro. É fácil perceber que um filho cujos pais sempre souberam gerenciar bem o dinheiro normalmente também são bem-sucedidos em gerenciar o próprio dinheiro. E que o contrário também é uma tendência forte, e a sensação é a de que existe uma herança passada de geração para geração.

> "EU VOU DAR AOS MEUS FILHOS DINHEIRO SUFICIENTE PARA QUE ELES SINTAM QUE PODEM FAZER QUALQUER COISA, MAS NÃO O SUFICIENTE PARA QUE PENSEM QUE PODEM NÃO FAZER NADA."
>
> **WARREN BUFFETT**

Além disso, a família muitas vezes tem a expectativa de que a escola ensinará tudo ao seu filho, incluindo a educação financeira, o que não acontece. A escola ensina a matemática básica, deixa um pouco de lado a matemática financeira, e muitos saem de lá e se tornam adultos sem entender o poder que os juros compostos têm para a multiplicação de dinheiro, por exemplo.

> "JURO COMPOSTO É A OITAVA MARAVILHA DO MUNDO. QUEM ENTENDE GANHA. QUEM NÃO ENTENDE PAGA."
>
> **FAMOSA FRASE ATRIBUÍDA A ALBERT EINSTEIN**

Se você se identificou até aqui, a boa notícia é que tudo pode mudar! A partir de agora, desmistificaremos algumas frases que são ditas por aí e que atrapalham a formação de uma mente próspera e de um investidor.

MITO 1: INVESTIR É SÓ PARA QUEM TEM MUITO DINHEIRO

Você já deve ter visto em filmes, seriados ou quando foi em bancos, homens de terno e gravata falando sobre os investimentos que têm, usando jargões financeiros e se dando muito bem com isso. A questão é que investimentos não são apenas para essas pessoas.

Algumas pessoas dizem que não investem porque não são ricas. A realidade é que não se investe porque se é rico. Investir te ajudará a chegar lá, sendo uma fonte de renda multiplicadora que se somará às suas outras fontes de renda. Investir por si só não te deixará rico, caso você só invista pouco dinheiro fazendo aplicações de vez em quando ou "quando dá".

Investimentos servem para qualquer pessoa que tenha a vida livre das dívidas com juros altos. Ele começa pela reserva de emergência, que, além de ser um dinheiro separado para eventualidades, pode ter rendimentos em todo o período em que você não fizer uso dela.

Para começar a investir, basta saber usar melhor os recursos já disponíveis. Você não necessariamente precisa receber muito mais do que já recebe hoje. E investir melhor algumas vezes vale mais a pena do que trabalhar duro, principalmente em estágios mais avançados. Trabalhar duro não necessariamente fará você mudar de patamar, caso esse trabalho não seja feito de forma inteligente, com imaginação e maior eficácia.

Trabalho e esforço por si só não levam a lugar nenhum e nem à prosperidade. Imagine essa situação: se você pegar uma pá e começar a cavar um buraco, terá muito trabalho, que te levará a ter um buraco inútil. É importante canalizar o esforço com inteligência.

Figura 4 — Como canalizar o esforço sem inteligência.

> INVESTIR MELHOR MUITAS VEZES É MELHOR DO QUE TRABALHAR DURO SEM UM OBJETIVO DEFINIDO.

MITO 2: ACREDITAR QUE EXISTEM INVESTIMENTOS QUE TE DEIXARÃO RICO DA NOITE PARA O DIA

Por que será que tanta gente está distante da realidade financeira de que gostaria? Uma das explicações é que a maioria quer ficar rico da noite para o dia e sem esforço. É por isso que a loteria, as pirâmides financeiras e tantas outras formas de perder dinheiro fácil fazem tanto sucesso.

Se você quer uma sombra, plantar uma semente agora não te dará uma árvore hoje. Como diz Warren Buffett, não se pode ter um bebê agora engravidando nove mulheres hoje. Algumas coisas levam tempo, e ter sucesso nos investimentos é uma delas.

Existe uma lei que define a multiplicação de dinheiro. Um dos fatores mais importantes dela é que o tempo precisa passar. Só assim o efeito multiplicador acontece; os juros compostos passam a jogar no seu time, aumentando o dinheiro que você investiu. Uma prova disso é essa fórmula. Não se assuste com ela...

$$M = I*(1+J)^T$$
$$M = \text{MONTANTE FINAL TOTAL}$$
$$I = \text{CAPITAL INVESTIDO INICIAL}$$
$$J = \text{TAXA DE JUROS COMPOSTOS}$$
$$T = \text{TEMPO DE APLICAÇÃO}$$

Essa é uma fórmula superimportante para você que quer investir com qualidade. Lembrando lá da matemática, quando multiplicamos, geralmente temos um resultado maior do que na soma, e quando elevamos a uma potência, temos um resultado maior que na multiplicação. Então, para aumentar o resultado de (M), que é o quanto receberei investindo, a variável que mais afetaria um maior resultado seria a potência (t). Conclusão: o tempo precisa passar para você ganhar mais.

Não é à toa que os maiores investidores do mundo já estão desfrutando a "melhor idade".

> "A MELHOR ÉPOCA PARA PLANTAR UMA ÁRVORE FOI HÁ VINTE ANOS; A SEGUNDA MELHOR É AGORA."
>
> **PROVÉRBIO CHINÊS**

Então, não acredite em promessas de ganhos rápidos. Esses são os piores tipos de armadilhas. Alguns exemplos são: título de capitalização, sorteios disfarçados de investimentos, loteria e pirâmides financeiras, que ao longo do tempo surgem disfarçadas de investimentos sob a forma de avestruz, boi gordo, bitcoin etc. A maioria dessas promessas nem é considerada formalmente como investimentos, e algumas delas são crimes!.

A INFLUÊNCIA DOS HÁBITOS NA VIDA FINANCEIRA

Hábitos são padrões de comportamento e acabam se tornando uma parte daquilo que somos. Eles são criados e desenvolvidos desde criança, e muitos deles são passados de pais para filhos. Um filho que vive em um ambiente em que os pais não se importam com os gastos e convive com dívidas e empréstimos tem uma tendência natural de repetir esse mesmo comportamento quando adulto.

Já na escola, essa criança terá uma educação formal em ciências, física e matemática básica. Em geral, os pais esperam que a escola eduque seu filho de forma completa. Mas a grande verdade é que a escola é limitada, e a educação financeira não se aprende lá, e, muitas vezes, nem na família.

Assim, o indivíduo começa sua vida de trabalho refém do mercado, que quer de todas as maneiras fazer com que ele transfira o dinheiro obtido com seu trabalho para a compra de bens, produtos e serviços, que muitas das vezes são caros e desnecessários para sua vida. Não se aprende a poupar, investir e muito menos saber identificar as melhores opções e formas de investir o próprio dinheiro. E para piorar, para bens de alto preço, como casas e veículos, o financiamento cai como uma luva, fazendo com que muita gente passe anos pagando juros para antecipar o uso de bens no presente.

Dessa forma, muitas pessoas passam a vida inteira em um círculo vicioso, trabalhando para pagar dívidas contraídas, juros de empréstimos e financiamentos, para adquirir bens que estão acima de sua condição financeira atual, pagando um alto preço durante décadas para sair de uma situação que causa problemas financeiros e familiares e afetam sua felicidade.

Conseguindo vencer essa etapa, algumas pessoas até conseguem poupar parte daquilo que recebem, mas acabam gastando grande parte disso ao longo do tempo ou investem mal, deixando dinheiro na conta-corrente, na poupança ou até mesmo em produtos financeiros que nem são considerados investimentos.

Segundo Maxwell Maltz, um dos pioneiros da Teoria dos 21 dias, são necessários 21 dias de repetição de uma ação para que ela se torne um hábito. A ideia aqui é que você exercite os princípios mostrados neste livro para abandonar os hábitos ruins de hoje, começando a substituí-los por hábitos prósperos. Depois dessa repetição, investir com qualidade se tornará um hábito prazeroso, se tornando quase que automático!

PARA SABER MAIS

Leia a Teoria dos 21 dias e use-a a seu favor: <https://www.dicasdemulher.com.br/conheca-a-teoria-dos-21-dias-e-mude-de-vida/>

Vamos então a alguns hábitos ruins que devem ser eliminados para se investir com bons resultados.

HÁBITO RUIM 1: DEIXAR DE INVESTIR TODO MÊS

Isso tem a ver com o hábito de poupar pelo menos 10% daquilo que se recebe por mês. Se não temos nosso controle financeiro mensal bem definido, só investiremos se "sobrar" dinheiro. E esse é um péssimo hábito.

Se não controlamos o quanto gastamos, medindo semanalmente, o fim do mês chegará, e está na cara que você não terá dinheiro para os investimentos. O ideal é que, logo no recebimento, você separe antes aquilo que quer investir no mês, vivendo com o restante.

Investir todo mês aumentará a quantia total que você tem aplicada, fazendo com o que o tempo e os juros compostos trabalhem em favor desse dinheiro. Quanto mais você coloca mais cedo possível, mais são as chances de você ganhar mais ao longo do tempo.

Assim, você conseguirá chegar definitivamente no estágio da liberdade financeira, quando você elimina as preocupações com contas, boletos ou eventuais dívidas de financiamentos. E com bons investimentos alimentados todos os meses com novos aportes, atingir a independência financeira é uma questão de tempo.

HÁBITO RUIM 2: ANTECIPAR SONHOS COM FINANCIAMENTOS

Esse é um dos hábitos mais perversos que existem. É por isso que muita gente não consegue evoluir financeiramente ao longo do tempo. Então, fique atento.

Antecipar sonhos, como o de um carro novo ou o da casa própria, sai muito caro. Financiar imóveis a juros caros durante trinta anos e um carro acima do padrão de vida durante cinco anos são hábitos ruins. Antecipar sonhos tirará dinheiro de seu bolso, mantendo uma vida apertada para pagar contas até a melhor idade.

A questão dessa prática é que você paga JUROS! E esse é um dos piores hábitos que existem.

Muitas pessoas vivem durante décadas em sacrifício para arcar com os custos de um financiamento que contraíram no banco. No caso de uma casa própria, as pessoas pagam, em média, o equivalente a duas casas, somando a quantia total embutindo juros, impostos e taxas contratuais.

NÃO PEGUE DINHEIRO EMPRESTADO.
CRIE O SEU PRÓPRIO DINHEIRO.

Assim, poupando mensalmente e com o auxílio dos investimentos, você terá condições de acumular um montante de dinheiro suficiente para comprar aquilo que você deseja, em melhores condições, com desconto e no tempo adequado.

HÁBITO RUIM 3: OLHAR COM ATRASO PARA O QUE ACONTECE

Ter visão de futuro pode te levar a antecipar seus passos e sair na frente, se posicionando em investimentos antes que os movimentos de alta e valorização ocorram. Essa é uma característica importante dos grandes investidores.

Figura 5 — Pássaro que chega tarde bebe a água suja.

QUEM CHEGA PRIMEIRO BEBE A ÁGUA LIMPA.

Isso também serve para organização em finanças pessoais. Por exemplo, lembrar das despesas com impostos e materiais escolares das crianças fará você, em dezembro, reservar parte de seu décimo terceiro para esse objetivo, evitando terminar janeiro com saldo negativo e com um problema desnecessário de contas em aberto.

Além disso, quem olha para a frente antecipa "imprevistos", além de aproveitar oportunidades que a maioria não consegue enxergar, poupando dinheiro com pagamentos antecipados sem juros e à vista com desconto.

HÁBITO RUIM 4: NÃO PENSAR NO LONGO PRAZO

Pessoas que não pensam no longo prazo tomam decisões financeiras que vão diminuindo seu patrimônio. Se não penso em poupar para quando chegar à melhor idade, quando chegar lá, precisarei de dinheiro emprestado para viver, pagando juros aos bancos, dependendo da ajuda de familiares e com o risco de não ter o suficiente.

Pelo contrário, por exemplo, seu eu tenho 18 anos e começo a investir R$200,00 todos os meses em Títulos Públicos do Tesouro IPCA, quando chegar à aposentadoria, terei meu dinheiro multiplicado e reservado para isso, garantindo mais tranquilidade quando chegar aos 60 anos de idade.

Pensando só no curto prazo, muitas pessoas começam no mundo dos investimentos com a pretensão de ganhar muito dinheiro rápido. E isso até pode acontecer, levando à ilusão de que esse investidor é melhor que a média. Isso é verdade, até que o mercado lhe apresente o primeiro "tombo".

É aí que entram as histórias daquele conhecido que conseguiu um bom dinheiro especulando em ações, e aquele que fez um *trade* vitorioso e fez uma viagem com o dinheiro. Isso passa aquela ideia de que a Bolsa de Valores é um cassino, um jogo e que faz com que muitas pessoas comecem a investir com a motivação errada.

Até existem poucos *traders* profissionais que trabalham com isso e tiram seu sustento dessa profissão. Normalmente, vivem com dedicação exclusiva a isso, em alto nível de estresse e baixo nível de vida social, leem muito, têm um grande conhecimento em matemática, estatística e econometria e anos de experiência operando no mercado. Hoje eles "competem" com robôs no mercado. Eu imagino que esse não seja e nem será o seu perfil, leitor.

O ideal é ter o objetivo de investimentos de longo prazo, sem a necessidade de tanto estresse e tanto tempo para ficar acompanhando cada oscilação e movimento do mercado a cada instante. Foi assim que os mais renomados investidores conseguiram sucesso nessa atividade. Podemos citar Benjamin Graham, Luis Stuhlberger, Peter Lynch, Luis Barsi e o maior investidor de todos os tempos, Warren Buffett.

Ter a visão de longo prazo diferencia pessoas que têm destaque daquelas que contam com a sorte. Estamos vivendo mais por conta dos avanços da humanidade. Como você está se preparando para isso?

A GRANDE ILUSÃO É ACHAR QUE O LONGO PRAZO NUNCA CHEGARÁ.

HÁBITO RUIM 5: DEIXAR O MEDO DEFINIR AS DECISÕES DE SUA VIDA

O risco faz parte da natureza humana. Ele existe ao atravessar a rua ou saltando de paraquedas. Um dos fatores que diferencia as duas coisas está no controle da situação. Pode ser mais arriscado atravessar uma avenida com os olhos fechados do que saltar de paraquedas com todas as medidas de segurança respeitadas. E o resultado do salto pode trazer um maior retorno, mais prazeroso e enriquecedor.

> "OS RISCOS SURGEM SE VOCÊ NÃO SABE O QUE ESTÁ FAZENDO."
>
> **WARREN BUFFETT**

Assim também acontece com os investimentos. Há quem pense que é perigoso ou inútil poupar e investir, e preferem gastar tudo. Além disso, sempre tem aquela história do primo que investiu no golpe financeiro do avestruz e perdeu tudo, ou daquele conhecido que se deu mal especulando no mercado de ações, dizendo que a Bolsa de Valores é um cassino. É claro que é preciso saber como e em que investir para ter bons resultados. Este livro te ajudará nesse conhecimento.

> "MEDO É A FERRAMENTA DE UM DIABO IDEALIZADO PELO HOMEM. A FÉ INABALÁVEL EM SI MESMO É TANTO A ARMA QUE DERROTA ESSE DIABO QUANTO A FERRAMENTA QUE O HOMEM UTILIZA PARA CONSTRUIR UMA VIDA DE SUCESSO."
>
> **TRECHO DO INÍCIO DO LIVRO DE NAPOLEON HILL** + *ESPERTO QUE O DIABO*

Assim como no exemplo do paraquedas, é preciso tomar precauções e saber lidar com as flutuações dos preços dos investimentos para ter bons retornos. Nos investimentos e na vida, vencer o medo e não se deixar paralisar pelo pânico traz os maiores retornos!

ELIMINAR TODOS OS RISCOS DE PERDER ELIMINARÁ TODOS OS RISCOS DE GANHAR.

HÁBITO RUIM 6: CONVIVER COM PESSOAS QUE NÃO INVESTEM

Você já ouviu essa frase: "Diga-me com quem andas e eu te direi quem tu és." O que acontece se você convive, anda, conversa e compartilha sua vida com pessoas com baixa autoestima, invejosas, que só reclamam, gastadoras, frustradas, que só conseguem enxergar o lado ruim de tudo, que não investem o próprio dinheiro e são pouco prósperas? Você se torna uma delas.

Eu e você somos a média das cinco pessoas com as quais mais convivemos. Quando você conversa, ouve e convive com pessoas de sucesso, acontece o processo natural da modelagem, fazendo com que haja um espelhamento de características para você. E lendo livros escritos por essas pessoas, é possível acessar a mente e os princípios de sucesso delas sem precisar do contato físico. Superprático!

Busque pessoas de seu círculo social que se interessem por investimentos. Estimule as pessoas ao seu redor a fazerem isso baseadas em seus resultados ao longo do tempo. Se mesmo assim você tiver dificuldades, procure criar novas amizades.

Um estudo de Thomas Corley aponta que 86% dos milionários mantêm um círculo social com pessoas que também se deram bem. Então, faça a sua escolha.

HÁBITO RUIM 7: SABER O PREÇO DE TUDO E O VALOR DE NADA

Preço é diferente de valor. "Preço é o que você paga, valor é o que você recebe" (Warren Buffet). Valor é o benefício proporcionado, levado para sua vida e que pode ser expressado em maior quantidade de dinheiro.

Você paga R$50 mil em um carro básico no Brasil. O preço é um dos mais caros do planeta!

Caso seja feito um financiamento para a compra desse carro, o preço a ser pago pode dobrar, e o mesmo carro pode sair por aproximadamente R$100 mil. Qual é o real valor desse carro?

Figura 6 — Compra de carro versus juros exorbitantes.

Logo depois da compra, já no primeiro ano, o carro começa seu processo de desvalorização, e você, depois de alguns anos, conseguirá revendê-lo por algo em torno de R$30 mil. Uma grande perda em valor. E será que esse carro realmente valia R$50 mil?

O mesmo acontece no mundo dos investimentos. Saber analisar o **preço** pelo qual um ativo está sendo negociado, identificando uma oportunidade ou não de compra ou de venda baseado no **valor** que ele tem, é talvez a maior característica do bom investidor.

> ELIMINAR O HÁBITO DE OLHAR APENAS PARA O
> PREÇO, SABENDO O REAL VALOR DAS COISAS, FARÁ
> VOCÊ PRESERVAR E AUMENTAR CADA VEZ MAIS O
> SEU PATRIMÔNIO.

HÁBITO RUIM 8: CULTIVAR MUITOS PASSIVOS, AO INVÉS DE MUITOS ATIVOS

Passivos são aqueles bens que perdem valor ao longo do tempo, que normalmente têm juros embutidos a serem pagos e que diminuem o seu patrimônio. São todos aqueles bens que vão tirando dinheiro do seu bolso, como um carro, que todo ano tem o valor menor que no ano anterior e, se for financiado, para piorar, ainda tem juros de financiamento a serem pagos. Outros exemplos: móveis e eletrônicos.

Ativos são aqueles bens que ganham valor ao longo do tempo, te pagando bons juros e aumentando seu patrimônio. São todos aqueles bens que colocam dinheiro no seu bolso, como um apartamento que você aluga, tendo o valor do aluguel recebido todos os meses e que normalmente ainda valoriza ao longo do tempo. Outros exemplos: ações, Títulos Públicos e debêntures.

> QUEM CULTIVA MUITOS PASSIVOS E POUCOS ATIVOS NÃO
> CONSEGUE TER DINHEIRO PARA INVESTIR COMO DEVERIA.

Desbalancear a vida cultivando o valor total de ativos bem maior que valor total em passivos trará um patrimônio, que renderá bons dividendos.

HÁBITO RUIM 9: NUNCA COMEÇAR POR ACHAR QUE NÃO TEM CONHECIMENTO

Esse é um péssimo hábito! Não subestime sua capacidade. Mesmo sabendo pouco, já é possível tomar algumas decisões financeiras e ir estudando ao longo da caminhada. E errar faz parte desse aprendizado.

O CAMINHO SE FAZ CAMINHANDO. COMECE E BUSQUE SABER O PRÓXIMO PASSO, E VOCÊ CHEGARÁ AO SEU DESTINO.

E você vai errar! É normal. No início do livro, te contei sobre um erro. Todos os grandes investidores também já erraram muitas vezes. E isso também não quer dizer que você errará com todo o seu dinheiro no banco.

CONHECIMENTO SEM PRÁTICA, APENAS DENTRO DA CABEÇA, É UM DESPERDÍCIO.

Posso te dizer que até hoje aprendo coisas sobre investimentos. E isso acontecerá até o último dia de minha vida. Isso quer dizer que não sei tudo. Imagina só se eu fosse esperar saber para começar? Nem este livro existiria!

Dá para começar com pouco. Você consegue fazer a maioria dos investimentos com R$100,00. Então é só começar, e com pouco, até ir conhecendo melhor.

Muita gente tem boas ideias, boas intenções e gasta tempo apenas afiando a faca, até que a guarda na gaveta. O mundo é dos "fazedores". Se você não tem uma faca agora, busque outra forma de cortar. Se você tem uma faca que não corta, amole-a um pouco e comece.

Você não precisa saber tudo, todos os detalhes sobre algo, para começar a fazer e ter resultados.

Para começar a investir, você não precisa ser um expert em matemática ou ter formação na área, basta colocar o simples em prática. Tudo começa de um começo. Abrir uma conta em uma corretora pode ser esse começo.

DINHEIRO NÃO GARANTE A FELICIDADE, MAS A FALTA DE DINHEIRO GARANTE UMA VIDA DIFÍCIL.

VAMOS PRATICAR

1. Assinale (V) Verdadeiro ou (F) Falso.

☐ Tudo bem sentir medo de investir, fazendo com que ele paralise minhas decisões.

☐ O ideal é ter o objetivo de investimentos no longo prazo.

☐ Investir por si só me deixará rico.

☐ Antecipar sonhos com financiamentos é melhor que poupar e investir.

☐ Investimentos servem para qualquer pessoa que tenha a vida livre das dívidas de juros altos.

☐ Devo confiar que existe uma forma de eu ficar rico da noite para a dia.

☐ Devo medir e saber meus gastos antes de terminar o mês.

☐ Colhemos aquilo que plantamos.

☐ Cultivar muitos passivos contribui para a melhora de minhas finanças pessoais.

☐ Ter visão de futuro me ajuda a chegar primeiro, aproveitando oportunidades.

☐ Devo viver um degrau (ou mais) abaixo do padrão de vida que poderia ter com os meus rendimentos (salário e outras fontes de renda).

☐ Se eu tiver pessoas que investem ao meu redor, a chance de eu me tornar próspero aumenta.

☐ Sorteios, apostas e propostas de ganhos rápidos são uma boa alternativa para ganhar dinheiro.

☐ Comprar um carro financiado me fará pagar juros altos.

☐ Preciso saber tudo e nos mínimos detalhes para começar a investir.

EM QUAL ESTÁGIO FINANCEIRO VOCÊ ESTÁ?

OBJETIVO DO CAPÍTULO:
Saber onde se está para saber aonde vai — mostrar quais os estágios de vida existentes e o que fazer para passar para o próximo nível.

Depois de abandonar os hábitos ruins, identificar o estágio em que você se encontra te ajudará a saber aonde você quer chegar. O nível final é o desejo de muitos, mas a realização de poucos.

Existem cinco níveis em que uma pessoa pode estar com relação à vida financeira. O objetivo é ir aumentando de nível, até atingir o último, o a independência financeira.

NÍVEL 1: SOBREVIVÊNCIA

Está gastando aquilo que ainda não recebeu. O futuro é sombrio. Está vendendo o almoço para comprar o jantar. Normalmente a pessoa vive com mais de um empréstimo consignado, faturas de cartão de crédito em atraso, tendo mais de um cartão, e tem o cheque especial da conta bancária em aberto. A vida está sem um propósito bem definido e desregulada.

Não consegue investir porque o dinheiro que cai na conta já evapora pagando as dívidas, que só aumentam. O que faz uma pessoa viver nessa situação é a falta de sonhos, com objetivos e metas bem definidas. Certamente, se você comprou este livro, não está nesse nível. Mas se estiver, recomendo que leia antes meu primeiro livro, *Como acabar com as dívidas e ter uma vida feliz*, que fala sobre como sair do endividamento, e coloque em prática aqueles ensinamentos. Nesse nível, nem dá tempo de a reserva de emergência ser formada.

NÍVEL 2: EMPATANDO

Está gastando praticamente o mesmo que recebe, trocando seis por meia dúzia. O futuro é incerto. Normalmente tem um financiamento que toma boa parte do seu rendimento, como um carro, que vai sendo renovado assim que você troca para um modelo mais novo. Geralmente tem também um financiamento habitacional que pressionará as finanças por décadas.

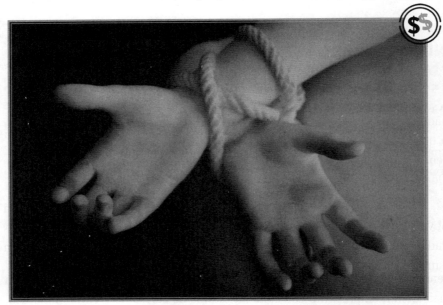

Figura 7 — Ter dívidas é ter as mãos atadas para investir.

Não consegue investir porque "nunca sobra dinheiro". Tem o pensamento de que "dando para pagar as contas, está bom". Negligencia a

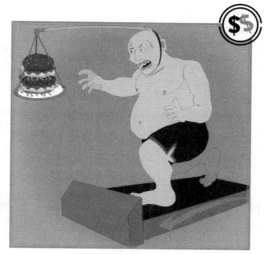

Figura 8 — Gastar tudo aquilo que recebe é como fazer exercício e depois comer todas essas calorias.

abundância que existe no mundo. É como se corresse em uma esteira: todo o esforço que se faz não o tira do mesmo lugar. Se você estiver nesse nível, o meu primeiro livro também será muito útil. Nesse nível, a reserva de emergência não está formada.

NÍVEL 3: SOBRANDO DINHEIRO, MAS USANDO-O MAL

Está deixando o "dinheiro embaixo do colchão": consegue poupar, mas não investe, ou investe mal. O futuro é mal construído. As chances de gastar o que sobra são grandes, já que o dinheiro fica perdido na conta-corrente, sem destino, dentro da carteira ou em títulos de capitalização, por exemplo. Qualquer vento mais forte pode causar estragos na casa.

Não consegue investir bem porque acha muito arriscado e perigoso. Já ouviu muitas histórias por aí (a maioria delas de golpes financeiros motivados pela ganância) e acha melhor ficar longe. A reserva de emergência é mal formada.

NÍVEL 4: LIBERDADE FINANCEIRA

Normalmente tem investimentos mais conservadores, como imóveis, poupança e CDBs. O futuro é construído contando com o trabalho. Já toma decisões financeiras com maior tranquilidade, escolhendo realizar ou não um trabalho, por exemplo. Parar de trabalhar ainda não é uma opção, já que isso mantém seu padrão de vida, que é alto. Não há preocupações excessivas com o dinheiro.

Não consegue um melhor desempenho nos investimentos porque aprendeu desde criança e com a alta inflação a ser bem tradicional nas decisões. A reserva de emergência está formada.

NÍVEL 5: INDEPENDÊNCIA FINANCEIRA

O dinheiro bem investido gera mais dinheiro, e isso permite viver indefinidamente com abundância. O futuro é próspero, garantindo bons frutos para sua família e para as próximas gerações. Trabalhar é uma opção, e normalmente se faz isso unicamente por propósito de vida e prazer, ajudando as pessoas. Trabalha porque gosta. É quando não se precisa fazer nada que você não gosta por causa de dinheiro e nem está deixando de fazer nada por falta de dinheiro. Não existem preocupações com o dinheiro. Esse é o estágio ideal em que muitos gostariam de estar.

Consegue uma boa rentabilidade em seus investimentos porque aprendeu a lidar com o medo e com o risco, diversificando a alocação de seu dinheiro. Você se interessa e estuda diariamente a respeito do assunto, sempre com o horizonte de longo prazo e sendo fiel a sua própria filosofia de investimentos. Evita ficar pulando de galho em galho de acordo com a opinião das pessoas ou com as turbulências do mercado.

PARA SABER MAIS

Veja o vídeo em <https://www.financaspessoais.net.br/video-independencia-financeira> e observe um passo a passo de como atingir sua liberdade financeira.

VAMOS PRATICAR

1. Relacione a primeira coluna com a segunda coluna.

A. Liberdade financeira

B. Sobrevivência

C. Independência financeira

D. Sobrando dinheiro, mas usa mal

E. Empatando

☐ Tudo o que recebe, gasta.

☐ Qualquer imprevisto pode tirar de uma situação controlada para um estrago.

☐ Pode escolher realizar ou não um trabalho.

☐ Gasta aquilo que ainda não recebeu, vivendo em dívida, e a vida está sem um propósito bem definido.

☐ O futuro é próspero, garantindo bons frutos para a família e para as próximas gerações.

DINHEIRO NASCE EM ÁRVORE

OBJETIVO DO CAPÍTULO:

Mostrar que é possível multiplicar dinheiro a partir de seu próprio dinheiro, por meio de bons investimentos e com o tempo, sem precisar do dinheiro de outros.

Já parou para pensar nisso? Com certeza, na sua infância, você já viu uma imagem parecida com esta:

Figura 9 — Dinheiro nasce em árvore.

Ou outra parecida com esta.

Figura 10 — Cuide de seu dinheiro como se cuida de uma árvore.

Sabia que você pode ter uma árvore em que nasce dinheiro? É muito simples. Pensa comigo! Imagine que você tenha em sua casa um pedaço pequeno de terra, e lá você tenha uma horta. Você comprou sementes de tomates por R$2,00, preparou a terra, plantou as sementes e depois de 5 meses você tem os primeiros 10 tomates. Você poderia ter comprado os mesmos 10 tomates por R$2,00, mas decidiu esperar 5 meses para que eles nascessem. Qual a vantagem disso?

A vantagem é que, se você souber cuidar bem da horta e tiver paciência, você nunca mais precisará comprar tomates na sua vida. Olha que fantástico! Os seus R$2,00 investidos em 5 meses fizeram com que você tivesse tomates para a vida inteira. Você deixará de gastar com tomates todos os meses no supermercado!

Bom, talvez você não tenha se empolgado muito com isso. E tomate talvez não seja exatamente sua fruta predileta.

Então, imagine que, em vez de tomates, você consiga plantar sementes de dinheiro. E depois de um certo tempo, imagine que você apanhe notas de dinheiro dos galhos de sua árvore.

A ideia é a mesma, apenas os nomes é que mudam. Para ter uma árvore em que nasce dinheiro, você precisa ter as primeiras sementes, poupando um dinheiro inicial. Em vez de plantar, você investirá. Quando plantamos sementes de tomates, devemos preparar a terra, adubando e nutrindo o solo. Nas finanças, os livros e as fontes especializadas no assunto cumprem esse papel, formatando seu cérebro para pensar de forma próspera e preparando o terreno para o plantio.

Figura 11 — Acompanhe os investimentos desde o início.

Quando molhamos a terra, a planta usa a água para absorver nutrientes do solo e para produzir energia para viver. Da mesma forma, para manter seus investimentos vivos e bem nutridos, é necessário ficar atento às melhores opções de rentabilidade, segurança e prazos disponíveis naquele momento.

O sol ajuda a planta a produzir seu próprio alimento. Com o sol, ela faz a fotossíntese, produzindo glicose, que é um açúcar utilizado como fonte de energia e que mantém a planta viva. No mundo dos investimentos, os juros compostos são como um prêmio constante que cumpre esse papel, alimentando a quantia investida com mais dinheiro, fazendo-o multiplicar e aumentando de tamanho.

As pragas são ameaças ao crescimento da planta e ao desenvolvimento de seus frutos. O impulso de compras desnecessárias e o imediatismo muitas vezes são como as pragas, que impedem que seu patrimônio floresça, matando a multiplicação de seu dinheiro.

Lançar mais sementes fará aumentar sua plantação, gerando frutos que garantirão sua independência. Além disso, você pode vender o que não usar. Esse processo é como poupar e investir todo mês, já que cada novo aporte somará a quantia total já investida, tendo um efeito acelerador maior ao longo do tempo, aumentando sua riqueza.

Assim como as sementes de tomates se multiplicarão depois de plantadas e não faltarão, seu dinheiro plantado em bons investimentos e bem cuidado se multiplicará ao longo do tempo.

TABELA 1 — RESUMO DE COMO FUNCIONA A RELAÇÃO ENTRE OS TOMATES E O DINHEIRO.

TOMATES	DINHEIRO
Sementes	Poupança (aquilo que se guardou/economizou)
Plantar	Investir
Adubar a terra	Estudar sobre finanças
Regar	Analisar melhores opções de investimentos
Sol	Juros compostos ao seu favor
Combater as pragas	Conter o impulso de compras
Lançar mais sementes	Poupar e investir todo mês
Frutos	Dividendos e lucros

A conclusão a que chegamos é a de que:

QUEM TEM UMA VIDA APERTADA USA O DINHEIRO PARA TROCAR POR COISAS. QUEM TEM UMA VIDA PRÓSPERA USA O DINHEIRO PARA GERAR MAIS DINHEIRO

MUDANDO A SUA FORMA DE PENSAR

Para ter um bom desempenho nos investimentos, é preciso pensar e fazer diferente da maioria das pessoas. E a primeira mudança é: evitar trocar dinheiro por coisas. Quando você faz isso, entra em um círculo vicioso que nunca acaba, e você terá de comprar tomates a vida inteira. E para isso, terá de trabalhar a vida inteira.

A GANÂNCIA DO HOMEM É QUERER COLHER AQUILO QUE NUNCA PLANTOU.

E para colher, é preciso paciência e dedicação constante. A lei universal e eterna é aquela que informa que sempre colhemos aquilo que plantamos. Com esse hábito sedimentado, você pagará agora para colher lá na frente. Com o hábito ruim, é o contrário: você colhe agora, mas pagará caro lá na frente.

VAMOS PRATICAR

1. Relacione a primeira coluna com a segunda.

A. Posso me endividar ao

B. Frutos

C. Obter e lançar mais sementes

D. Plantar

E. Sementes

F. Adubar a terra

G. Combater as pragas

H. Sol

I. Regar

☐ Aquilo que economizou ou poupou por mês

☐ Estudar sobre finanças

☐ Escolher a melhor opção de investimento

☐ Lucros e dividendos de se investir

☐ Poupar e investir todo mês

☐ Conter o impulso de comprar coisas

☐ Investir

☐ Trocar dinheiro por coisas

☐ Juros compostos rendendo dinheiro

VERDADES E HÁBITOS BONS

OBJETIVO DO CAPÍTULO:

Mostrar princípios valiosos que servem para reprogramar a mente daqueles que querem fazer bom uso do dinheiro, tendo um bom relacionamento com ele durante toda a vida.

Muitos hábitos que temos hoje são criados e desenvolvidos desde a infância. Muitos deles são passados de pais para filhos. Um filho que vive em um ambiente em que os pais não se importam com os gastos, convivem com dívidas e empréstimos e negligenciam investimentos, tratando mal o dinheiro, tem a tendência natural de desenvolver e repetir esse mesmo comportamento quando adulto.

Com esse modelo mental, o indivíduo cresce, estuda e começa sua vida de trabalho. É fácil se tornar refém do mercado, que quer de todas as maneiras fazer com que ele transfira o dinheiro obtido com seu esforço para a compra de bens, produtos e serviços que muitas das vezes são caros e desnecessários. E para piorar, esse indivíduo acumula bens com um alto preço, como casas e veículos, por meio de financiamentos, o que faz com que fique anos pagando juros para antecipar o usufruto no presente.

Dessa forma, muitas pessoas passam a vida inteira em um círculo vicioso, trabalhando para pagar dívidas contraídas para a compra de bens às vezes supérfluos, juros de empréstimos e financiamentos feitos na hora errada, acima de sua condição financeira e pagando um alto preço durante décadas.

Assim, o dinheiro para investir "nunca sobra", ou "sobra pouco". A pessoa só investe "quando dá". A ideia deve ser o contrário: primeiro investir, e depois gastar o que "sobrar". Desse jeito, todo mês você estará mais próximo de viver uma vida em que dinheiro não será um problema.

Existe um projeto possível de ser seguido por qualquer pessoa e que pode levar à liberdade e à independência financeira. É necessário querer isso e persistir, seguindo um passo (mês) de cada vez, o que te deixará cada vez mais perto desse objetivo. Com alguns anos aplicando essa estratégia e aumentando os aportes, é possível viver o resto da vida com mais tranquilidade e com a possibilidade de escolhas que o dinheiro proporciona.

A ideia é a de que haja uma mudança de hábitos, começando com a prática de hábitos prósperos. Apresentaremos alguns bons hábitos que devem ser cultivados, a fim de colocar a vida de qualquer pessoa em um círculo virtuoso automático depois de algum tempo.

VERDADE 1: É PRECISO PAGAR UM PREÇO

Quem planta valor colhe resultado. Quem planta foco colhe performance. Quem planta bons hábitos colhe sucesso. Mas pagar o preço vem sempre antes de colher a recompensa (ou deveria vir).

Muitos querem ter dinheiro de sobra, viver uma vida viajando, morar na praia e fazer o que quiser. Só que quem tem a escolha de viver uma vida assim teve de pagar um preço durante anos. E um preço alto.

Então é preciso entender uma lei natural: primeiro se planta, para depois colher.

A grande verdade é que a maioria das pessoas não chega lá porque quer fazer o caminho contrário. Elas querem colher antes da hora, antes de plantar, e não é assim que funciona.

Pagar o preço hoje é deixar de gastar, controlar o impulso de compra e a gratificação imediata e criar fontes de renda, para que amanhã se consiga colher os frutos que os investimentos trarão com essa prática.

VERDADE 2: SÓ DEPENDE DE VOCÊ

Assumir essa responsabilidade de verdade fará você colocar os olhos unicamente em sua vida, sem distrações. Assim, não haverá espaço para colocar a culpa em ninguém: nem no governo, nem no patrão, nem no cônjuge, nem nos pais e nem na falta de tempo para estudar.

Investir, como tudo na vida a que nos propomos fazer bem feito, exigirá dedicação, estudos e esforço para se ter bons resultados. Focar no plano financeiro que você quer para sua vida e naquilo que você pode melhorar e fazer diferente para ter resultados diferentes te estimulará cada vez mais a investir mais dinheiro ao longo do tempo, aumentando sua rentabilidade.

Tom Corley descobriu que 80% dos ricos acreditam em si mesmos e atribuem seu sucesso ao próprio esforço. Então, espante o vitimismo.

HÁBITO BOM 1: INVISTA MAIS E FALE MENOS

Falar sobre o que você tem, seus próximos passos e seus investimentos pode ser perigoso. Mesmo que a maioria das pessoas do nosso círculo social até queira o nosso bem, o ser humano é complexo, e muitos deles sentem inveja e frustração. E, infelizmente, essas pessoas podem estar mais próximas do que a gente imagina!

Faça uma separação entre as pessoas com quem você sabe que pode compartilhar sua vida financeira e aquelas pessoas com quem você não pode fazer isso. Lembre-se que focar a execução e construção de seu patrimônio é sempre a melhor escolha.

Ver alguém ganhando dinheiro, principalmente com investimentos, pode fazer com que algumas pessoas nutram um sentimento ruim a seu respeito. Então, quanto menos algumas pessoas souberem, melhor!

HÁBITO BOM 2: TENHA UM LIMITE MÍNIMO PARA INVESTIMENTO POR MÊS

Tenha uma atenção especial aqui, pois esse é um dos hábitos mais importantes para quem quer ter sucesso nos investimentos.

Independentemente de sua religião, pague a você mesmo o dízimo pessoal. Essa é uma prática muito saudável para o seu bolso. O dízimo é a décima parte daquilo que você recebe em cada mês. É reservar no mínimo 10% dessa quantia e investir em você, evitando usar os recursos com algo perecível ou que você possa perder ou ser roubado.

Comece investindo 10% do que você recebe por mês. Pelo menos no início, que esse seja o percentual mínimo para seus investimentos. Ao longo do tempo, o ideal é que você vá aumentando essa quantia, até que essa proporção se desequilibre, a ponto de você mais investir do que gastar o que recebe. Dessa forma, você acelerará o seu projeto de independência financeira!

Se sua renda mensal é de R$5 mil, você pode começar reservando R$500,00 (10% de R$5 mil) para seus investimentos, separando essa quantia logo no dia em que receber o dinheiro. Para te ajudar nesse processo, se você usa apenas um cartão de crédito, é possível colocar o limite máximo de gastos em torno de R$4 mil, para garantir que R$500,00 você use como pagamento de outras coisas que não passam no cartão e os outros R$500,00 fiquem reservados para os investimentos.

Desse jeito, quando chegar o fim do mês, você não terá surpresas e nem deixará de investir.

TUDO O QUE MEDIMOS, CONSEGUIMOS CONTROLAR!
Faça você mesmo!

Minha renda mensal é de: R$_____

Tirar 10% do que recebi (dízimo pessoal): R$_____

Limite máximo de gastos mensais: _____

Reservado para pagamento de outras coisas que não passam no cartão: R$ _____

HÁBITO BOM 3: TENHA UM OBJETIVO BEM DEFINIDO PARA INVESTIR SEU DINHEIRO

Ter sonhos e objetivos bem definidos facilita muito, criando motivação e disciplina, para você colocá-los em prática por meio dos investimentos. Se seu sonho é ter o imóvel próprio ou se aposentar com tranquilidade, pode levar anos ou décadas para atingir seu objetivo.

Você pode fazer o seguinte exercício: monitorar o progresso ao longo desse tempo. É só dividir a quantia total necessária para realizar esse sonho pela quantidade de meses até lá. A partir daí, basta poupar esse resultado, investindo todo mês para acelerar o processo.

Se você definir esse objetivo de forma conjunta com seu cônjuge, é possível que um ajude o outro a se planejar financeiramente, alcançando os sonhos de forma mais fácil e natural, focando em um propósito comum e conjunto. Deixando claro objetivos e metas, o processo fica mais leve, motivador e gratificante. É criado um clima de prosperidade, e a união de mais de uma pessoa facilita que se alcance o sucesso financeiro da família.

Por isso, é importante que você, assim que estiver pronto para receber o dinheiro nos próximos dias, vá pensando qual é a melhor oportunidade no momento para investir. Qual ação escolher, se vale mais a pena aumentar a exposição em renda fixa, se surgiu uma boa oportunidade em um fundo imobiliário.

Dividir um grande objetivo em metas pequenas, e investir nessas metas para atingir o resultado desejado, é um processo bastante prático.

HÁBITO BOM 4: LEIA MAIS LIVROS SOBRE INVESTIMENTOS

A leitura é um hábito muito comum daqueles que conseguiram destaque nesse mundo. Por exemplo, dizem que Bill Gates lê cinquenta livros por ano! Além de ser algo barato, você tem a chance de acessar as mentes mais brilhantes sem precisar sair de casa e evitando cometer erros desnecessários ao longo de sua jornada financeira.

Além de aprender sobre como investir melhor, ler sempre faz você aprender algo novo e melhorar a comunicação, tornando-se uma pessoa melhor. A leitura de livros especializados em finanças melhorará sua percepção do mercado financeiro e abrirá sua mente para novas possibilidades, podendo melhor muito seu desempenho.

PARA SABER MAIS:

Neste link, coloquei todos os livros que considero importantes para quem quer ter um bom desempenho nos investimentos: <https://www.financaspessoais.net.br/livros-investimentos>.

HÁBITO BOM 5: REGRA Nº 1 – NUNCA PERCA DINHEIRO. REGRA Nº 2 – NÃO ESQUEÇA A REGRA Nº 1

Essa frase de Warren Buffet, além de clássica, é muito verdadeira. É um princípio de vida, útil para qualquer negócio e investimento que você venha a fazer.

Seja um "detestador" de perdas. Cuide para que o dinheiro não se perca de você, em qualquer ocasião, seja ele nos negócios, de sua carteira, em investimentos ruins que normalmente alguns grandes bancos te oferecem... Se você trocou seu tempo de trabalho por dinheiro e trocou o dinheiro recebido por algo que te trouxe perdas ou desperdício, você desperdiçou tempo de vida.

Por exemplo, já parou para pensar em quantos milhões de pessoas passam fome no mundo? Agora pare para pensar na comida que você jogou fora este mês. Sejam elas sobras de alimentos, por esquecimento, por falta de apetite, vencimento da data de validade e outros. Não importa o motivo, importa que você trabalhou para ter o dinheiro equivalente a aquilo, foi ao supermercado, escolheu, entrou na fila, carregou tudo e levou até sua geladeira, conservando lá por muitos dias. E depois de todo esse custo de tempo e esforço, ainda desperdiçou dinheiro.

Então, um bom conselho é: nunca perca dinheiro!

HÁBITO BOM 6: AVALIE SE VOCÊ ESTÁ FAZENDO UMA DESPESA OU UM INVESTIMENTO

Nossa sociedade estimula o consumo o tempo todo. Algumas coisas são realmente essenciais, algumas delas são relevantes e outras são substituíveis ou desnecessárias. Aprender a focar aquilo que é realmente essencial em sua vida, fazendo boas compras, fará você viver melhor e com mais prosperidade.

Por exemplo, já parou para pensar que você passa um terço de sua vida deitado em uma cama dormindo?

Uma noite de sono com qualidade faz muito bem para a saúde. Renova suas energias, prolonga sua vida e impacta sua produtividade. E se você não tem a oportunidade de dormir muitas horas por dia ou não dorme tão bem por conta de outros fatores, ter uma cama boa te ajudaria muito a dormir melhor.

Pensando assim, faz muito sentido investir em uma cama mais confortável, que pode alinhar melhor seu corpo durante horas, melhorando sua respiração e com mais espaço para descansar.

Comprar coisas que afetam diretamente sua saúde e sua produtividade é melhor do que comprar coisas supérfluas que atrapalham seu dia a dia, ocupam espaço, que desvalorizam muito com o tempo e acrescentam pouco ou nada a sua evolução como pessoa. Às vezes, algumas dessas coisas podem até prejudicar sua qualidade de vida.

Deixo uma pergunta para reflexão. O que faz mais sentido: comprar a melhor cama do mercado ou a melhor televisão do mercado?

No mundo dos investimentos financeiros, uma escolha errada pode fazer você perder dinheiro. Dependendo do cenário econômico, ficar na poupança pode ter rendimentos menores do que a inflação, fazendo você perder dinheiro. Então, é importante sempre analisar sua carteira de investimentos, fazendo escolhas cada vez melhores e mais financeiramente inteligentes.

VAMOS PRATICAR

1. Assinale (V) Verdadeiro ou (F) Falso.

A. ☐ Devo me preocupar com o que os outros ao meu redor falam sobre o dinheiro, tomando decisões baseado na opinião deles.

B. ☐ Investir R$300,00 por mês durante 18 anos é uma meta financeira bem definida.

C. ☐ Não há problema nenhum em falar para as pessoas sobre meus próximos passos ou sonhos.

D. ☐ Eu devo ter um limite mínimo de investimento por mês.

E. ☐ É preciso pagar um preço de anos para ter sucesso em meu patrimônio com investimentos.

F. ☐ Devo investir no mínimo meu dízimo pessoal.

G. ☐ Não depende de mim investir melhor.

H. ☐ Ler mais não melhorará minha comunicação.

I. ☐ Meu sucesso nos investimentos depende de meu próprio esforço.

J. ☐ Ter objetivos financeiros bem definidos me ajudará a realizar meus sonhos.

K. ☐ Perder dinheiro é normal.

L. ☐ Ler bons livros sobre investimentos é barato, melhora meu conhecimento e me ajuda a investir melhor meu dinheiro.

M. ☐ Ser um "detestador" de perdas e de desperdícios me ajudará a ser mais próspero.

N. ☐ É bom ter alguém que teve sucesso ou ter um propósito maior para me inspirar na hora de cuidar de meu dinheiro.

O. ☐ Comprar a melhor TV do mercado faz mais sentido que comprar a melhor cama do mercado.

P. ☐ Investir mal me faz perder dinheiro.

ALGUNS CONCEITOS IMPORTANTES

OBJETIVO DO CAPÍTULO:

Traduzir alguns termos usados no mercado financeiro para facilitar o entendimento.

Separei aqui alguns conceitos importantes que ajudarão a decifrar alguns termos do "economês" e do "financês".

VOLATILIDADE

É o grau de variação da rentabilidade de um ativo. Por exemplo, a volatilidade de um investimento conservador por ano pode ser próxima de 0%. A volatilidade anualizada de um investimento agressivo pode ultrapassar 20%. Assim, investimentos com baixa volatilidade teoricamente expõem o investidor a um menor risco de perdas do que aqueles com volatilidade alta.

Em outras palavras, a volatilidade é o quanto e com qual frequência o preço na tela de um ativo varia. Quanto maior é o intervalo entre o preço mínimo e o preço máximo de um ativo, maior costuma ser a volatilidade dele.

Exemplo: um ativo X começa o dia com o preço de R$10,00. Atinge o preço mínimo de R$9,90 e o preço máximo de R$10,10. Esse ativo teve uma variação de R$0,20. O ativo Y começa o dia com o preço de R$10,00. Atinge o preço mínimo de R$9,20 e o preço máximo de R$10,80. Esse ativo teve uma variação de R$1,60 entre o preço mínimo e o preço máximo. Então, o ativo Y pode ser mais volátil que o ativo X, dependendo se esse comportamento se confirmar ao longo do tempo.

Escrevi "teoricamente" porque um ativo ser mais volátil que outro pode significar pouco, se seu horizonte de investimento é de longo prazo. Acompanhar diariamente a oscilação de alguns ativos no curto prazo pode ser pouco útil nesse caso, fazendo com que se tome atitudes precipitadas e emocionais, deixando-se de aproveitar o poder da multiplicação que o preço desse ativo traz no longo prazo e pagando-se dividendos.

PORTFÓLIO OU CARTEIRA

É a composição de seus investimentos. Por exemplo, se você tem dinheiro na poupança, em um CDB e no Tesouro IPCA, esses três investimentos financeiros fazem parte de sua carteira ou portfólio.

É importante que a montagem da carteira não seja pulverizada, mas, sim, diversificada. Pulverizar é ter muitos ativos de forma desproporcional a sua quantia total investida, comprando dezenas de ativos muito correlacionados.

É importante que a montagem da carteira tenha várias classes de ativos, de preferência ligados a renda fixa e a renda variável e de diferentes setores. Quanto mais dinheiro você tem investido, mais diversificada deve ser sua carteira de investimentos financeiros.

DIVERSIFICAÇÃO

Diversificar uma carteira de investimentos é ter ativos que se complementam, se protegem entre si e criam uma espécie de sinergia entre eles. Por exemplo, ter uma carteira de investimentos que tenha empresas aéreas e petrolíferas começa a fazer a carteira ficar diversificada. Caso haja uma queda no preço do petróleo, há grandes chances de a empresa aérea se beneficiar com altas e da empresa petrolífera sentir correções em seu preço, tendo um efeito balanceador.

Diversificar seus investimentos faz com que o risco de seu patrimônio diminua, te protegendo contra um problema sério em algum setor da economia. Pode ser que, com isso, algum ativo de sua carteira tenha forte desvalorização e que esse mesmo problema favoreça algum outro ativo de sua carteira e que a performance total dela seja até mesmo positiva.

Caso você só tivesse ativos correlacionados ao setor problemático, os prejuízos poderiam ser enormes. Dessa forma, a diversificação da carteira é o remédio que atua quando algum ativo sofre algum mal. É o remédio contra a incerteza sobre o futuro, já que ninguém realmente sabe o que acontecerá. Ela ajuda a combater as incertezas sobre os rumos dos ativos no futuro.

Outra vantagem de uma carteira diversificada é que, se esse ativo problemático vier a perder totalmente de valor, como no caso de uma empresa quebrar, os rendimentos dos outros ativos podem compensar, e muito, esse problema.

Na renda variável, se a ação de uma empresa A tem o preço de R$5,00 e ela falir, o máximo que você pode perder é tudo o que investiu, ou seja, ficar com zero. Você não perde negativo ou mais do que investiu caso não tenha feito alavancagens. Pelo contrário, caso uma empresa vá muito bem, o rendimento de um ativo B pode se multiplicar indefinidas vezes, podendo chegar a R$150,00, por exemplo. Essa assimetria positiva é o que faz com que muitas pessoas enriqueçam com o tempo!

Então, se você tinha uma ação de uma empresa A que quebrou e outra de uma empresa B que se multiplicou muitas vezes, se a carteira estava balanceada, você teria as chances de ter um rendimento muito grande, mesmo perdendo tudo com a falência da empresa A.

LIQUIDEZ

É o quão rápido você pode transformar seu investimento em dinheiro.

Por exemplo, se você tem um imóvel e precisa hoje do dinheiro para pagar uma cirurgia urgente que precisa fazer, provavelmente não conseguirá vendê-lo no mesmo dia e nem ter o dinheiro na conta para pagar pela cirurgia. Além de toda a burocracia de órgãos públicos e documentações, dificilmente você encontrará um comprador imediatamente, e pode perder dinheiro caso necessite de urgência e negocie mal.

Em outro exemplo, caso você tenha sua reserva de emergência em uma conta digital que paga 100% do CDI, pode sacar a qualquer momento, sem perda de rentabilidade.

A liquidez é importante, dependendo de seus objetivos financeiros. Caso tenha metas de curto prazo, os investimentos precisam ter liquidez diária ou próximas a um ano. Caso seu objetivo seja para o longo prazo, normalmente, quanto menor a liquidez, maior a rentabilidade.

POR QUE FAZER A RESERVA DE EMERGÊNCIA

OBJETIVO DO CAPÍTULO:

Mostrar o que é a reserva de emergência, sua importância e como calculá-la.

A reserva de emergência é importante, pois, como o próprio nome já diz, sem ela você pode passar por grandes apuros. Ela é útil para evitar que situações inesperadas levem ao descontrole financeiro e endividamento.

Ela é responsável por blindar sua vida financeira de fatalidades, dos grandes imprevistos e das surpresas. É usada para resolver situações extremas, como um problema grave de saúde, demissão do emprego ou um grande prejuízo que comprometa sua moradia ou seu transporte.

A reserva de emergência é uma quantia de dinheiro separada para, teoricamente, "nunca" ser usada. Afinal de contas, ninguém quer passar por uma situação parecida com essa que descrevi. A reserva de emergência deve ser a primeira coisa a ser feita para quem já ficou livre das dívidas ruins e é sustentado unicamente por sua própria renda. As dívidas ruins são dívidas com juros altos, como cheque especial, cartão de crédito e empréstimos em bancos. São todas aquelas dívidas nas quais os juros que você paga superam o que você ganharia se investisse na renda fixa.

A reserva de emergência não deve ser usada para pagar a fatura do cartão de crédito, trocar de carro, comprar um novo ou comprar presentes no Natal. Para cada uma dessas despesas, é necessário um plano financeiro diferente.

A fatura do cartão de crédito deve ser paga com os recursos de sua renda mensal, e os gastos devem ser acompanhados semanalmente, para não haver estouro no orçamento. Para trocar de carro, o mais importante é poupar uma quantia mensal e investir para atingir esse objetivo, por exemplo, aplicar no Tesouro Selic ou no Tesouro Prefixado, para que dentro de alguns anos esse carro seja comprado em melhores condições, evitando-se pagar juros. Para os presentes de Natal, o ideal é comprá-los antes de dezembro e, se possível, em janeiro, quando praticamente tudo está em promoção. É possível também custear esses presentes com os rendimentos mensais e/ou usar parte do décimo terceiro.

A reserva de emergência corresponde a algo entre seis e 12 meses de seu custo de vida mensal. Vamos dar um exemplo prático de uma dúvida de um seguidor do Instagram @financaspessoais. Ele queria começar sua reserva de emergência e tinha o seguinte perfil:

- Gasto: R$4 mil por mês

- Profissão: Profissional autônomo — Vendas

- Reserva de emergência (12 meses): 4.000 x 12 = R$48.000,00

Neste caso, o seguidor poderia ficar tranquilo tendo R$48.000,00 em um investimento como o Tesouro Selic para protegê-lo de imprevistos.

Em outro caso, outra seguidora tinha a profissão de administradora em uma empresa de médio porte, sendo funcionária há dezessete anos. Então a reserva de emergência dela foi calculada assim:

- Gasto: R$7 mil por mês

- Profissão: Analista de logística

- Reserva de emergência (6 meses): 7.000 x 6 = R$42.000,00

As duas reservas tiveram um total bem parecido, mas atendem a casos diferentes. No caso do profissional autônomo, apesar de ter um baixo custo de vida, ele precisava de deixar cerca de um ano de rendimentos guardado, pois afirmou ter um emprego muito instável, dependendo fortemente de seus resultados em vendas. E poderia ser que pudesse demorar algum tempo para encontrar outra atividade ou um emprego.

No caso da administradora, seu padrão de vida era maior, e quando ela me procurou, já tinha a reserva praticamente formada e já fazia outros investimentos. Tendo um emprego mais estável e também uma segunda fonte de renda, a reserva de seis meses foi adequada para o caso.

Agora chegou a hora de calcularmos a sua reserva de emergência. Analise primeiro sua situação de renda atual. Tente avaliar a estabilidade de seu emprego ou de seu negócio, definindo o número de meses de que você precisaria para se recolocar profissionalmente ou reformular seu negócio, caso necessitasse.

Tudo dependerá de qual é a origem de sua fonte de renda. Se você tem um negócio próprio, trabalho informal ou um emprego que dependa muito de metas, podendo ser demitido a qualquer momento, o ideal é que você tenha no mínimo doze meses de seu custo de vida na reserva de emergência. Caso você tenha um emprego estável, tenha várias fontes de renda ou seja um funcionário público, a reserva de emergência pode ter até seis meses de seu custo de vida.

O ideal é manter a reserva de emergência em um investimento que tenha liquidez diária e que seja na renda fixa. A liquidez diária te possibilita retirar o dinheiro a qualquer momento. Em situações emergenciais, é realmente necessário que você tenha a possibilidade de ter acesso e utilizar os recursos sempre que precisar.

O ideal é não manter a reserva de emergência na renda variável. Apesar de ter muitos investimentos disponíveis na renda variável com liquidez diária, investimentos como ações, fundos de ações ou fundos imobiliários podem oscilar muito, podendo sofrer desvalorização, caso as condições econômicas do país ou a empresa não esteja em seu melhor momento quando você precisar resgatar o dinheiro.

Na renda fixa, é possível ter mais previsibilidade de quanto você terá disponível caso necessite. Mesmo com a possibilidade de ter menor rentabilidade, o montante inicialmente investido é preservado, aumentando sua tranquilidade hoje, garantindo a segurança caso algum dia você realmente precise lançar mão da reserva (e que Deus o livre disso!).

RESERVA PARA OPORTUNIDADES

Alguns educadores financeiros defendem a ideia de manter uma reserva para oportunidades, para aproveitar a possível compra de um imóvel com preço abaixo do valor normal ou ações de boas empresas com a cotação em baixa, por exemplo.

Normalmente, essa reserva também fica em um investimento com alta liquidez e com rentabilidade esperada menor. É preciso avaliar a necessidade dessa reserva dentro de sua estratégia de enriquecimento.

Essa estratégia pode não fazer sentido para você hoje, se está começando no mundo dos investimentos. Muito deve ser feito antes de formar esse tipo de reserva. Por exemplo: a própria reserva de emergência, ter iniciado na renda fixa, estudar e começar na renda variável e ter mais conhecimento sobre os mercados para saber identificar essas oportunidades.

Normalmente, essa estratégia pode fazer sentido caso você já tenha montado sua carteira de investimentos bem diversificada, com objetivos de curto, médio e longo prazo e com certa exposição ao exterior.

OS PRINCIPAIS TIPOS DE INVESTIMENTOS DO MERCADO FINANCEIRO

OBJETIVO DO CAPÍTULO:

Explicar as características de cada investimento, em especial mostrando como eles podem ser úteis para você montar seu plano de enriquecimento.

Neste capítulo, falarei sobre os principais e mais comuns investimentos disponíveis no mercado. Eventualmente, destacarei algumas opções pelas quais tenho preferência, com o objetivo de explicar como invisto e penso sobre a montagem de uma carteira de investimentos diversificada. Mas o objetivo não é o de que você faça o mesmo.

Isso jamais é uma recomendação de compra ou venda de ativos, e é importante que você tome sempre suas próprias decisões de investimentos. Inclusive, já reforcei antes isso nesse livro, e foi assim que os investidores de maior sucesso chegaram onde estão.

Os diversos tipos de investimentos mostrados aqui devem ser pensados como opções de composição de sua carteira de investimentos. Tente vincular essas escolhas a cada um de seus objetivos financeiros de curto, médio e longo prazo. Nesse caso, é melhor pensar todas essas opções não como se tivesse de escolher uma ou duas de todas essas opções, mas, sim, várias das melhores opções de acordo com seu momento. Algumas opções ficam mais ou menos vantajosas também dependendo das condições econômicas.

Por exemplo, é importante vincular um objetivo de curto prazo, como comprar uma moto daqui a um ano, investindo em um LCI, realizar o sonho de casar daqui a três anos com o Tesouro Prefixado e criar seu plano de longo prazo (mais de dez anos) investindo em ações um dinheiro de que você não precisará por agora. Essa relação sua com o investimento é muito importante, além de criar identidade.

A Comissão de Valores Mobiliários (CVM) é o órgão regulador do mercado de valores mobiliários, e muitos dados foram retirados de lá para embasar este texto, assim como do site da B3, a Bolsa de Valores brasileira. Esses dados podem mudar com o tempo, e me esforcei em colocar links neste texto para atualizar online esses dados para você.

Vamos falar um pouco sobre os fundos, de uma forma geral.

FUNDOS MULTIMERCADOS

Um fundo multimercado é um tipo de fundo que tem uma política de investimentos que mescla várias classes de ativos, que englobam incluir renda fixa, ações, moedas estrangeiras, entre outros. Não existe restrição na proporção entre as classes de ativos que compõe os fundos multimercados, como existe nos fundos de ações ou nos fundos de renda fixa. Os fundos multimercados apenas precisam se ater ao regulamento do próprio fundo, tendo o gestor mais liberdade.

Dessa forma, um fundo multimercado pode ser bem diferente, se comparado com outro. Com isso, um fundo pode ser bem conservador, e outro, bem arriscado, mais até mesmo que os fundos de ações, inclusive podendo usar derivativos para alavancagem, uma técnica que se parece com um endividamento, como o objetivo de aumentar a rentabilidade. Então é importante conhecer a estratégia e o perfil de investimento da gestão do fundo antes de investir. Na média, e via de regra, ele é

OS PRINCIPAIS TIPOS DE INVESTIMENTOS DO MERCADO FINANCEIRO

considerado de risco médio, se comparado com um fundo de renda fixa (risco baixo) e um fundo de ações (risco alto).

Basicamente, existem três categorias de fundos multimercados:

- Alocação: fundos que se posicionam em diferentes classes de ativos (ações, renda fixa, câmbio etc.).

- Estratégia: usa uma estratégia individual do gestor do fundo, com atuação ativa da gestão e menos de alocação.

- Investimento no exterior: investe uma parcela maior que 40% do patrimônio líquido em ativos financeiros estrangeiros.

Tem a política de investimentos determinada a diversificar aplicações em vários mercados de diversas classes de ativos, como renda fixa, ações, câmbio e commodities, seja no mercado doméstico ou internacional. Por isso, a previsibilidade da rentabilidade é mais incerta.

O prazo para resgate costuma ser maior, se comparado com outros fundos. Nos multimercados, são aplicados recursos em títulos mais difíceis de se negociar, como papéis de crédito privado ou ações de pouca liquidez. Assim, costuma ser necessário mais tempo para resgatar o pagamento, que pode ser em 10, 30 ou até 90.

Como regra, eles representam uma opção de investimento em conjunto, reunindo recursos de várias pessoas e instituições, que são aplicados ao mesmo tempo no mercado financeiro e de capitais. Os ganhos e as perdas são compartilhados pelos participantes, na mesma proporção da quantia depositada por eles. As decisões sobre o que fazer com todo o dinheiro dos investidores seguem políticas predefinidas e são tomadas por um gestor profissional.

O funcionamento dos fundos, além de obedecer às normas da CVM, devem ter um regulamento próprio (principal documento do fundo), onde são definidas as regras quanto ao objetivo, à política de investimento, às taxas de administração e outras despesas do fundo, aos riscos envolvidos nas operações, aos tipos de ativo negociados, seu regime de tributação e outras informações.

Os fundos podem ser uma alternativa de investimento para o investidor, mas como existem diferentes tipos de fundos e com características específicas, é sempre importante estudar as práticas e regulamentos de cada um deles antes de investir.

E como escolher um bom fundo de investimentos? Alguns critérios são:

- Verificar a rentabilidade passada de médio e longo prazo do fundo (de preferência, mais de cinco anos) — mesmo sabendo que rentabilidade passada não é garantia de rentabilidade futura.

- Avaliar as taxas de administração e de performance (caso houver), avaliando a viabilidade em termos de rentabilidade e se as despesas cobradas pelo fundo justificam o desempenho apresentado.

- Verificar o perfil de investimentos do fundo, se é mais agressivo ou tradicional.

- Olhar a composição dos ativos desse fundo (se tem mais renda fixa, se investe no exterior, qual a proporção de ações etc.) e alinhar isso de acordo com seus objetivos

- Observar o D+, que é o prazo de liquidez que terei de esperar para ter meu dinheiro em conta a partir da data que eu solicitar o resgate. Exemplo: D+63: só recebo meu dinheiro depois de 63 dias após minha solicitação

- Escolher cuidadosamente o administrador do fundo e se informar sobre o gestor da carteira.

A taxa de administração costuma ser mais alta em fundos com melhor histórico de rentabilidade. Mas nem sempre isso acontece. Então, é preciso observar isso na hora da escolha. Uma taxa acima de 1,5% ao ano costuma ser alta. Deve-se comparar a taxa de administração e performance (caso houver) e a rentabilidade acumulada de vários fundos para tomar uma decisão.

RENDA FIXA

Como o nome diz, na renda fixa, a forma da rentabilidade já é fixada. Trocando em miúdos, o caminho da rentabilidade é conhecido. Em alguns casos, você já tem certeza do quanto receberá no final.

Isso na teoria. Na verdade, é mais ou menos isso. O que acontece é que os termos da rentabilidade são definidos no dia em que você contrata o investimento. Mas ela pode variar, caso haja algum indexador em seu investimento que mude com o tempo, como o IPCA, Selic ou o CDI. Ou seja, a ideia é a de que você tem uma ideia do quanto receberá.

Via de regra, você não terá grandes surpresas, já que seu capital investido normalmente é preservado, rendendo juros. Em alguns casos particulares, é possível perder dinheiro na renda fixa, por exemplo, quando você quer resgatar um título antes do vencimento.

Além disso, existem algumas opções em que há chances de seu dinheiro render mais que a inflação, preservando seu capital e evitando as chances de perder dinheiro com a desvalorização daquilo que investiu. Por exemplo, quando você investe em um título indexado com o IPCA.

Apesar disso, as chances de você ter grandes multiplicações de capital ou rentabilidades acima da média são muito pequenas. Ou seja, o risco de diminuir o capital que você investiu é muito pequeno, e até mesmo inexistente, na maioria das opções da renda fixa, mas o "risco" de você aumentar muito esse capital também é muito pequeno.

Outro fato a ser observado é a rentabilidade real da renda fixa. Normalmente, quanto maior é o prazo do vencimento de um investimento (caso haja), maior é a tendência de você receber rendimentos. O tempo de investimento é um fator que normalmente influencia na rentabilidade.

Dependendo das condições econômicas, a renda fixa pode ser vantajosa ou desvantajosa. Veja só alguns cenários, com exemplos reais:

- 2015:
  - ☐ Cenário: Juros altos (na casa dos 14,25%), crise política, inflação de 10,67% ao ano, falta de confiança, risco país 493, juros longos pagando 8% + IPCA, Ibovespa em 38 mil pontos.

- ☐ Nessa situação, é válido manter uma boa parte do capital na renda fixa. Eu aumentaria o peso nos títulos longos, como o Tesouro IPCA, garantindo uma rentabilidade considerável acima da inflação durante muitos anos. Nessa época, eu mesmo comprei Títulos Públicos, a maioria longos (Tesouro IPCA), começando no ano de 2014 e terminando em 2018.

- 2020:
  - ☐ Cenário: Juros nas mínimas históricas (4%), risco país 144, inflação de 4,5% ao ano, juros longos pagando 3% + IPCA, poupança rendendo menos que a inflação, Ibovespa nos 80 mil pontos.

  - ☐ Nessa situação, é válido migrar parte do capital da renda fixa para a renda variável. Eu mantive meus títulos Tesouro IPCA que garanti a partir de 2014 e fui diminuindo parte da posição na renda fixa de médio e curto prazo a partir de 2018, alocando na renda variável.

Durante décadas, o brasileiro conviveu com alta inflação e juros altos. Com esse cenário, os investimentos em renda fixa foram muito beneficiados, sendo fácil conseguir uma boa rentabilidade nesse cenário econômico, favorecendo a acumulação de capital sem tomar muitos riscos e investindo de forma conservadora. Com a queda da Selic e a manutenção dos juros e inflação mais baixa a partir de 2019, a renda fixa começou a ficar menos atrativa, fazendo com que o investidor tivesse de tomar mais risco para conseguir uma rentabilidade similar e melhor.

Para fins de declaração de Imposto de Renda, todos os investimentos em renda fixa seguem o mesmo padrão. Esses investimentos são declarados no informe anual que o contribuinte envia para a Receita Federal até o final de cada mês de abril. Normalmente, esse registro é feito na aba "Bens e Direitos" da aba "Fichas da Declaração" dentro do programa.

A cobrança do Imposto de Renda, quando houver, será feita automaticamente (IR na fonte) quando o título vencer ou quando você se desfizer dele, vendendo. Vamos então aos investimentos em renda fixa, detalhando cada um.

> **VEJA SE ESTÁ ATUALIZADO!**
>
> Acesse nosso site e verifique se houve alguma mudança na legislação de tributação na renda fixa: <https://www.financaspessoais.net.br/tributacao-renda-fixa>.

POUPANÇA

A caderneta de poupança é o investimento mais popular e tradicional do Brasil, sendo simples de entender seu funcionamento e tendo praticidade para investir. Quem define a rentabilidade dela é o Banco Central. Ela foi criada para poupar o dinheiro, e não para movimentá-lo, dessa forma, não se pode receber o salário por ela, por exemplo.

Não existem taxas nem tarifas mensais na poupança, nem mesmo para abertura de conta. Todos os bancos são proibidos dessa cobrança, caso o cliente só tenha a poupança ativa.

A poupança tem duas formas de rendimento, dependendo da Taxa Selic na data de sua contratação. Ela é a taxa básica de juros da economia, definida de tempos em tempos pelo Banco Central. Para deixar mais claro, vamos mostrar, de forma simplificada, qual a rentabilidade que o investidor tem deixando o dinheiro nela.

Se a Taxa Selic na época for maior que 8,5% ao ano, a poupança renderá:

- 0,5% ao mês (6,17% ao ano), mais a variação da TR (taxa referencial)

Se a Taxa Selic na época for igual ou menor que 8,5% ao ano, a poupança renderá:

- 70% da meta da Taxa Selic ao ano (mensalizada), mais a variação da TR (taxa referencial)

VEJA SE ESTÁ ATUALIZADO.

Confira se as regras da poupança ainda valem. Acesse: <https://www.financaspessoais.net.br/poupanca-regras>.

Vamos a um exemplo: se a taxa básica (Selic) na época for de 8,5% ao ano, a remuneração mensal da poupança será de 0,48% ao mês, mais a TR.

A data de aniversário da poupança é o dia em que você fez o depósito do dinheiro. A cada mês, naquele dia, o dinheiro renderá. A desvantagem é que, se você precisar do dinheiro antes do próximo aniversário e sacá-lo, não terá a rentabilidade dos dias que passaram.

Apesar de ser um investimento de baixo risco, existem alguns riscos nesse investimento, que é considerado o mais seguro que existe, de forma equivocada. Além de normalmente ter uma baixa rentabilidade, se comparada a outros investimentos, caso haja falência de seu banco, a poupança conta com a proteção do FGC – o Fundo Garantidor de Crédito, mantido pelas instituições financeiras. O FGC assegura que, em caso de calote ou quebra do banco, quem tem dinheiro aplicado na caderneta receberá de volta até R$250 mil, por CPF e por instituição financeira.

Além disso, já houve casos de confisco do dinheiro da poupança. O caso mais emblemático aconteceu em 1990, quando o presidente Collor congelou os saques da poupança com o objetivo de amenizar os efeitos da inflação na época. Com isso, muitos brasileiros tiveram o acesso aos seus recursos bloqueado, com tais recursos retidos por dezoito meses. Essa medida pegou a população de surpresa, já que aconteceu no dia seguinte à posse presidencial.

São raros os casos que possam justificar algum investimento na caderneta de poupança. Em geral, mantendo a regra, investimentos como o Tesouro Selic e as contas digitais que rendem 100% do CDI, por exemplo, serão mais vantajosas, tendo características parecidas com as da poupança.

A vantagem da poupança é ser um investimento que se pode sacar a qualquer momento, com liquidez diária. Como ela normalmente está no mesmo banco da conta-corrente, tem seu acesso facilitado, e isso é uma das explicações para ela ser tão popular.

Apesar de alguns bancos tradicionais oferecerem a opção de compra de títulos públicos como o Tesouro Selic, o gerente do banco normalmente não é estimulado a te oferecer essa opção, já que o sistema de metas incentiva a venda de produtos que são favoráveis ao banco. Além disso, investir dessa forma por meio de bancos tradicionais costuma ser mais caro.

Para encerrar sua poupança, basta retirar toda a quantia depositada, informando à agência e solicitando formalmente. Alguns bancos exigem que o cliente vá até a agência bancária para isso. Por mais que não exista cobranças de manutenção, o ideal é solicitar um comprovante de encerramento.

Via de regra, a poupança é um investimento pouco rentável, e normalmente as contas que pagam 100% do CDI e o Tesouro Selic são mais vantajosos. Eu mesmo há muitos anos não deixo nem 1 real na poupança.

As vantagens da poupança são:

- Facilidade e praticidade de investimento.
- Liquidez diária: você pode resgatar quando quiser ou precisar seu dinheiro.
- Não tem incidência de impostos como o IR e IOF e nem tarifas.
- Investimento mínimo muito baixo.
- Tem garantia do FGC.

As desvantagens da poupança são:

- Rentabilidade baixa, se comparada a outras opções.
- Segurança menor, se comparada a outras opções.

- Caso você saque o dinheiro antes do aniversário, deixará de receber a rentabilidade dos dias anteriores.

- Não tem garantia do FGC, que é mais alta que a proposta pelo governo.

- Pode perder para a inflação, dependendo do cenário econômico.

CDB

O Certificado de Depósito Bancário (CDB) é um título de renda fixa que é emitido pelos bancos como forma de captação de recursos para financiar suas atividades. Você empresta seu dinheiro para o banco, e o banco o empresta para outra pessoa, com juros mais caro. Em troca, o banco te devolve seu dinheiro corrigido com os juros.

Geralmente os CDBs mais rentáveis são aqueles de emissores menores, como os pequenos bancos. Por terem menor visibilidade no mercado, normalmente precisam pagar uma rentabilidade maior ao investidor, com o objetivo de atraí-los à compra.

A realidade da maioria dos CDBs é que o rendimento costuma ser baixo, porque o interesse do banco é emprestar o dinheiro com um *spread* (diferença entre os juros de captação com os juros que empresta) cada vez maior e mais caro.

Ele tem a garantia do FGC para cada CPF por conta para se proteger do risco de crédito, que é o risco de o banco emissor quebrar. O investimento mínimo para poder comprar um CDB é bem baixo, podendo ser encontradas opções a partir de R$100,00. Ele é um dos investimentos mais populares entre os brasileiros, depois da poupança.

Existem basicamente três formas de remuneração nos CDBs:

- Taxa prefixada: o rendimento do investimento é definido no momento da aplicação. Nesse caso, você sabe exatamente o quanto receberá ao final do período.

- Taxa pós-fixada: é definida previamente com o banco uma referência de rentabilidade para você receber pelo "empréstimo".

Geralmente, a rentabilidade é vinculada à Taxa Selic ou ao CDI. Só dá para saber exatamente quanto você receberá quando o período combinado terminar.

- Híbrido: é uma mistura da prefixada com a pós-fixada.

Em todas essas opções, é importante que sejam analisadas as perspectivas futuras e o cenário econômico na época da contratação, sempre buscando vincular a escolha do investimento a um objetivo. No caso do CDB, ele pode ser um objetivo de curto prazo, como trocar alguns eletrodomésticos da casa, ou de mais médio prazo, como comprar um apartamento à vista.

Dependendo do cenário econômico e das condições que o banco apresentar, o CDB pode até ser mais desvantajoso que a poupança, já que pode pagar uma porcentagem baixa do CDI e ainda incidir o IR. Eu já comprei um pouco de CDB que pagava algo como 123% do CDI em 2016, o que era vantajoso naquela época.

As vantagens do CDBs são:

- Possibilidade de rentabilidade maior que a poupança.

- Possibilidade de liquidez diária: você pode resgatar quando quiser ou precisar seu dinheiro.

- Tem garantia do FGC.

- Serve como garantia para investir na Bolsa de Valores.

- O IR é retido na fonte, sem a necessidade de efetuar pagamento em separado.

As desvantagens do CDBs são:

- Investimento mínimo maior que o de outros concorrentes. Normalmente, o valor mínimo para investimento no CDB é superior ao de seus principais concorrentes, como os Títulos do Tesouro Direto, o que acaba fazendo com que se torne menos interessante em várias situações.

- É tributado: tem a incidência de IR, conforme Tabela 1 do Apêndice 2.

- Caso você mantenha seu investimento por menos de trinta dias, também há incidência de IOF. A tributação segue conforme Tabela 2 do Apêndice 2.

LCI E LCA

As Letras de Crédito Imobiliário (LCI) e Letras de Crédito Agrícola (LCA) são títulos de renda fixa emitidos por bancos e isentos de IR. Explicando de modo simples, você está investindo no desenvolvimento imobiliário e agrícola do país, emprestando dinheiro para que uma instituição bancária empreste o seu dinheiro para "construtores" e "agricultores".

Eles se parecem com os CDBs, podendo ser mais rentáveis que eles e que a poupança. Também contam com a proteção do Fundo Garantidor de Crédito (FGC). Caso haja um colapso da instituição financeira emissora do título, o investidor é ressarcido pelo FGC em até R$250 mil por instituição financeira e por CPF, evitando, assim, que você tome um calote.

Os LCI e LCA normalmente pagam um percentual do CDI (taxa de juros que rende bem próxima da Selic). São considerados um investimento conservador e de baixo risco, e por isso a rentabilidade não será acima da média. Eles podem ser vinculados a algum objetivo de curto ou médio prazo, como o planejamento de um casamento, uma viagem internacional futura. Não são ideal para a reserva de emergência, pelo fato de a maioria deles não ter liquidez diária, já que, para isso, devem ser acessíveis a qualquer momento.

Por isso, normalmente eles têm uma data para vencimento, quando você pode fazer o resgate. Há ainda uma carência mínima de noventa dias ou mais. Passada a carência, algumas instituições permitem o resgate antecipado, mas outras não. Caso você possa precisar do dinheiro antes do vencimento, é importante ficar atento, e você ainda pode ter de pagar uma taxa para isso.

Eu já fiz um LCI que tinha liquidez diária em 2015, onde fazia minha reserva de emergência. Acabei migrando depois de algum tempo para o Tesouro Selic.

As vantagens dos LCIs e LCAs são:

- Possibilidade de rentabilidade maior que a poupança.

- Possibilidade de liquidez diária: você pode resgatar quando quiser ou precisar de seu dinheiro.

- Tem garantia do FGC.

- Normalmente não tem incidência de impostos como o IR e IOF e nem tarifas.

As desvantagens dos LCIs e LCAs são:

- Investimento mínimo maior que o de outros concorrentes. Normalmente, o valor mínimo para investimento é superior ao de seus principais concorrentes, como os Títulos do Tesouro Direto.

- Rentabilidade pode ser baixa se comparado a outros investimentos na renda fixa

CRI E CRA

Os Certificados de Recebíveis Imobiliários (CRI) e Certificados de Recebíveis do Agronegócio (CRA) são títulos de renda fixa isentos de IR para pessoa física que financiam projetos imobiliários ou o agronegócio. Nesse sentido, são parecidos com os LCI e LCA. Comprando esses títulos, você está comprando o direito de receber os pagamentos de financiamentos nesses setores, recebendo uma remuneração do emissor dos títulos, de tempos em tempos ou na data de vencimento do título.

A empresa que concedeu o crédito para a produção rural ou para o empreendimento imobiliário usa os certificados de recebíveis para antecipar seus recebimentos, contratando uma companhia securitizadora, que "empacota" esses créditos na forma de títulos de renda fixa. Assim, a securitizadora emite os títulos, passando aos investidores que adquirem o direito de receber daqueles mutuários. A empresa que concedeu o crédito inicial recebe à vista.

No caso do CRI, o lastro está em construções, financiamentos residenciais ou comerciais, contratos de financiamentos, contratos de aluguel de longo prazo, locação, arrendamento ou qualquer outro tipo de operação que tenha um imóvel como garantia de pagamento.

No caso do CRA, o lastro está em negócios entre produtores rurais ou suas cooperativas e terceiros, incluindo empréstimos ou financiamentos relacionados à comercialização, produção, beneficiamento ou industrialização de produtos, máquinas, implementos ou insumos agropecuários utilizados na produção agrícola.

Um bom exemplo prático para você entender melhor é quando uma construtora vende empreendimentos ainda na planta, dando a opção de pagamento em dois ou mais anos para os compradores. A construtora pode optar por vender esses recebíveis para terceiros e antecipar à vista o recebimento do dinheiro que receberia parcelado ao longo dos anos. Para isso, a construtora contrata uma securitizadora, transformando os recebíveis em títulos.

Existem basicamente quatro formas de remuneração nos CRIs e CRAs:

- Taxa prefixada: vantajosa para o investidor após um ciclo de alta de juros, com perspectivas de queda.

- Percentual do CDI (pós-fixado): vantajosa para o investidor quando há tendência de aumento dos juros.

- Taxa prefixada + CDI: vantajosa para o investidor quando há tendência de queda dos juros.

- Índices de preços ou inflação (IGP-M, IPCA) + taxa prefixada: quando investidores de longo prazo buscam preservação de patrimônio.

Essas estratégias de investimentos servem também para outros tipos de investimentos, caso sejam disponibilizados.

Uma grande vantagem é que elas são isentas de IR e também de IOF, e nesse sentido, são bem parecidos com LCI e LCA. A diferença é que os CRI e CRA não têm a garantia do Fundo Garantidor de Crédito (FGC) que o LCI e LCA têm. Apesar disso, os CRI e CRA têm a garantia do empreendimento, seja ele imobiliário (CRI) ou de agronegócio (CRA).

É um investimento de médio e longo prazo, e os títulos podem ser encontrados com o valor mínimo de investimento de R$1.000,00.

As vantagens dos CRIs e CRAs são:

- Possibilidade de rentabilidade maior que a poupança e CDBs.
- Normalmente não têm incidência de impostos, como o IR e IOF, e nem tarifas.

As desvantagens dos CRIs e CRAs são:

- Investimento mínimo maior que o de outros concorrentes. Normalmente, o valor mínimo para investimento é superior ao de seus principais concorrentes, como os Títulos do Tesouro Direto.
- Normalmente não tem liquidez diária.
- Não tem garantia do FGC.
- Mais difíceis de ser encontrados.

RDB

Os Recibos de Depósito Bancários (RDB) são títulos de renda fixa privados. O título é emitido exclusivamente por instituições financeiras, as chamadas "financeiras", que podem ser bancos comerciais, bancos de investimentos, sociedades de crédito e financiamento ou cooperativas de crédito. Esses são títulos que não são muito conhecidos e têm o funcionamento bem parecido com o dos CDBs.

Uma das diferenças está no resgate: enquanto existem CDBs que você pode resgatar a qualquer momento, no RDB isso não ocorre. Via de regra, é necessário esperar até a data de vencimento do título para ter acesso aos recursos financeiros. O resgate antecipado pode ser viabilizado caso seja de interesse do emissor e dependendo das condições do mercado no momento.

As financeiras não servem só para fornecer crédito. Elas podem também emitir produtos de investimentos, captar recursos e fazer investimentos em títulos públicos e privados. Os RDBs são nominativos, intransferíveis, escriturais e garantidos pelo FGC. Isso quer dizer que você não pode vendê-los para outra pessoa no mercado secundário.

Esses são títulos mais difíceis de ser encontrados, e existem casos em que pessoas precisam ir até a instituição ou realizar o procedimento por e-mail para conseguir fazer os investimentos. São poucos os bancos que os oferecem aos seus clientes, e normalmente são as cooperativas de crédito que fazem a emissão desses títulos.

É um investimento de baixo risco, e você perde se a instituição para a qual emprestou o dinheiro quebrar. Mesmo assim, há a proteção do FGC em até R$250 mil. É cobrado o IOF e o IR, de acordo com as tabelas regressivas do Apêndice 2.

A vantagem dos RDBs é:

- Possibilidade de rentabilidade maior que a da poupança e dos CDBs.

As desvantagens dos RDBs são:

- Investimento mínimo maior que o de outros concorrentes. Normalmente, o valor mínimo para investimento é superior ao de seus principais concorrentes, como os Títulos do Tesouro Direto.

- É tributado. Tem a incidência de IR, conforme Tabela 1 do Apêndice 2.

- Normalmente não tem liquidez diária.

- Mais difíceis de ser encontrados.

LC

As Letras de Câmbio (LC) são títulos de renda fixa, assim como o CDB. A diferença é que elas são emitidas por financeiras para poderem financiar suas atividades de crédito, em vez de ser emitidas por bancos. Apesar do nome, a princípio elas não têm nada a ver com moeda, dólar ou câmbio.

É importante observar a nota de *rating* e o tipo do emissor do título, que além de definirem a rentabilidade, classificam seu risco. Normalmente, quanto mais sólido for o emissor, menor é a rentabilidade. Faz sentido, porque uma grande instituição não tem muitas dificuldades de captar dinheiro. Isso também vale para alguns outros investimentos, como as debêntures.

O ideal é manter até a data de vencimento, já que a liquidez é baixa. Pode haver incidência de "multas" ou menor rendimento, caso você precise fazer o resgate antecipado, já que o cálculo é feito sobre o preço de mercado do ativo naquele momento, que pode variar bastante. A liquidez não é diária.

O aporte inicial normalmente é mais alto, mas pode haver emissores que aceitem um investimento mínimo de R$1.000,00. O prazo de vencimento varia também de acordo com cada emissor, podendo ir de seis meses até sete anos. É uma boa alternativa para vincular a um plano de curto ou médio prazo. Tem também a garantia do FGC de R$250 mil por CPF.

Ela pode ser prefixada, pós-fixada ou híbrida. A LC Prefixada tem a rentabilidade fixa de, por exemplo, 7% ao ano. Ou seja, no dia da contratação, você já sabe o quanto ganhará, sem surpresas. Assim, você pode ter mais previsibilidade, podendo vincular de forma mais fácil o investimento a um objetivo, como comprar à vista um terreno de R$200 mil dentro de seis anos.

A desvantagem pode vir em casos em que a inflação e/ou a Taxa Selic suba(m) muito. Assim, o ganho real da rentabilidade fixa pode diminuir. Pode também ter uma vantagem: caso a inflação e/ou a taxa

Selic diminua(m) muito, você trava a rentabilidade em uma taxa mais alta, recebendo um retorno real maior.

Na opção pós-fixada, a LC é vinculada a um indexador da economia, o CDI ou a Taxa Selic. A rentabilidade então será uma porcentagem do indicador. Ex.: 110% do CDI ou 95% da Taxa Selic. Pode ser útil quando existem perspectivas de estabilidade ou alta de juros na economia. É mais flexível para vincular a um objetivo pessoal, podendo ser o custeio de uma festa de casamento ou o pagamento à vista de uma cirurgia estética.

Por fim, a opção do título híbrida, que se parece com o Tesouro IPCA. Ele tem um rendimento fixo e um rendimento variável, dependendo do indicador escolhido. Ex.: 4% + IPCA. Essa é uma boa opção caso o investidor queira manter o poder de compra ao longo do tempo, tendo ganhos reais acima da inflação.

As vantagens do LCs são:

- Possibilidade de rentabilidade maior que a da poupança e dos CDBs.

- Tem garantia do FGC.

As desvantagens dos LCs são:

- Investimento mínimo maior que o de outros concorrentes. Normalmente, o valor mínimo para investimento é superior ao de seus principais concorrentes, como os Títulos do Tesouro Direto.

- É tributado: tem a incidência de IR, conforme Tabela 1 do Apêndice 2.

- Normalmente não tem liquidez diária.

- Mais difíceis de ser encontrados.

TÍTULOS PÚBLICOS

Os títulos públicos são papéis que são disponibilizados para compra como forma de emprestar dinheiro para o governo, com o objetivo de financiar os projetos públicos. Em troca, ele te garante que, na data de vencimento do título, você receberá de volta o valor total aplicado somado aos juros definidos quando o investimento for feito. Estão disponíveis para qualquer pessoa comprar, de forma bem democrática, permitindo investimentos com menos de R$100,00.

Eles têm a garantia do Tesouro Nacional e são considerados o investimento mais seguro da renda fixa brasileira, mais seguro inclusive que a famosa poupança. O Tesouro Direto é um programa do Tesouro Nacional desenvolvido em parceria com a B3 para a venda de títulos públicos federais para pessoas físicas, de forma 100% online. Isso quer dizer que você pode comprar tudo pela internet, sem precisar ir a agências bancárias.

Aí pode surgir a dúvida: não corro o risco de o governo não me pagar, dando calote? No Brasil, esse risco é praticamente nulo. Além da existência da lei do teto de gastos e o aumento da confiança do investidor por conta da emissão de novas emissões da dívida pública, o país nunca deu calote na dívida interna, além de poder emitir mais moeda como medida protetora. São os investimentos mais seguros do país, com o menor risco do mercado.

Você pode fazer a compra dos títulos, resgates e o acompanhamento de seus investimentos pelo próprio site do programa, ou usando o aplicativo do Tesouro Direto. Eu prefiro fazer a compra e o acompanhamento dos títulos por uma corretora de valores isenta de taxas adicionais, também pela internet.

Os títulos públicos são uma boa alternativa de investimento, já que oferecem títulos com diferentes prazos de vencimento, várias formas de remuneração e diferentes tipos de rentabilidade (variação da taxa de juros básica da economia — Selic, prefixada ou a variação da inflação). Sendo assim, é fácil encaixar um título dentro de um objetivo financeiro que você tenha.

Como faz parte da renda fixa, é possível saber ou pelo menos ter uma ideia do quanto você receberá se mantiver o título até a data de vencimento. Apesar disso, ao longo do tempo, os preços e as taxas dos títulos variam, sendo que um título hoje pode ofertar uma taxa de juros mais alta do que daqui a um mês, ou vice-versa, dependendo de fatores econômicos e políticos.

PARA SABER MAIS:

Para saber detalhes atualizados sobre o horário de funcionamento do Tesouro Direto e regras adicionais, acesse: <https://www.tesourodireto.com.br/conheca/regras.htm>.

Se você observar o seu extrato depois de fazer a compra de um título, perceberá que o total investido varia, por conta das variações da taxa de juros. Essa variação se dá por conta da atualização do preço de negociação no mercado naquele momento, que geralmente é feita três vezes ao dia (esta é a marcação a mercado). Se os preços negociados no mercado caem, isso também reflete em seu extrato. Caso os títulos se valorizem, seu extrato aumenta.

É possível vender títulos antes da data de vencimento. No caso desse resgate antecipado, o Tesouro Nacional recompra pelo preço atual de mercado do título. Assim, o retorno do investimento deixa de ser aquele definido no início, podendo ser diferente do combinado no momento da compra.

Por isso, é recomendável manter o título até o vencimento, também por conta da menor incidência de impostos. Caso você só se desfaça de seus títulos na data do vencimento, essas variações da marcação a mercado não importam, e você receberá o valor correspondente à rentabilidade combinada quando realizou o investimento, sem se preocupar com as flutuações do preço do título no decorrer do tempo.

Sendo assim, vender antes do vencimento pode trazer ganhos ou perdas nessa operação. Por conta dessa volatilidade dos títulos públicos, algumas pessoas acabam os comprando e vendendo, como os *traders*. Mesmo existindo casos de pessoas que têm sucesso com essa prática, o ideal quando você compra um título público é vinculá-lo ao seu plano financeiro, já que cada um tem uma data de vencimento diferente e formas de rentabilizar compatíveis.

Vamos mostrar como esses títulos públicos podem te ajudar a formatar seu plano financeiro a partir de agora. Explicaremos inicialmente qual é a diferença entre cada um deles.

Tesouro Selic

O Tesouro Selic é um título pós-fixado, que tem a rentabilidade ligada aos juros brasileiros. A vantagem desse título é que você pode resgatá-lo a qualquer momento sem ter os efeitos da marcação a mercado, evitando perdas do capital no momento do resgate e garantindo a rentabilidade.

É ideal para manter a reserva de emergência, com o objetivo de te proteger de eventualidades, podendo resgatar a qualquer necessidade. Você solicita o resgate, e em apenas um dia útil já pode resgatar o dinheiro.

O rendimento é nominal, e a rentabilidade desse título não leva em consideração a inflação no período.

Nessa modalidade, há um título disponível:

1. Tesouro Selic (LFT): Título com rentabilidade diária vinculada à taxa de juros básica da economia (Taxa Selic). Forma de pagamento: no vencimento.

Tesouro Prefixado

O Tesouro Prefixado tem a rentabilidade predefinida já quando você faz o investimento. A desvantagem desse título é que você até pode resgatá-lo a qualquer momento, mas terá os efeitos da marcação a mercado, podendo ter perdas (ou ganhos) do capital no momento do resgate, de forma que a rentabilidade não é mais a garantida no início. Caso você mantenha esse título até o vencimento, a rentabilidade bruta será exatamente a combinada.

Esse título é ideal para um objetivo de médio prazo (de três a nove anos), como comprar um terreno ou ter dinheiro para casar, comprando à vista depois de alguns anos. Você sabe exatamente a rentabilidade na data de vencimento, sendo ela já predeterminada.

O rendimento é nominal, e a rentabilidade desse título não leva em consideração a inflação no período.

Nessa modalidade, há dois títulos disponíveis:

1. Tesouro Prefixado (LTN): São títulos com rentabilidade definida (Taxa Fixa) no momento da compra. Forma de pagamento: no vencimento. Com esse título, você receberá a quantia investida e mais a rentabilidade total apenas na data de vencimento ou de resgate.

2. Tesouro Prefixado com juros semestrais (NTN-F): Títulos com rentabilidade prefixada, somando com mais os juros definidos no momento da compra. Forma de pagamento: semestralmente (juros) e no vencimento (principal). Esse título faz pagamento de juros a cada seis meses, e você recebe o rendimento ao longo do período da aplicação todo semestre. A quantia investida inicialmente, você recebe no vencimento ou no resgate.

Tesouro IPCA

O Tesouro IPCA é um título pós-fixado, que tem uma parte da rentabilidade predefinida já quando você faz o investimento, e a outra parte é o IPCA. Assim como o Tesouro Prefixado, você até pode resgatar o título a qualquer momento, mas terá os efeitos da marcação a mercado, podendo ter perdas (ou ganhos) do capital no momento do resgate, de forma que a rentabilidade não é mais a garantida no início. Caso você mantenha esse título até o vencimento, a rentabilidade será exatamente a combinada, com a vantagem de ter a proteção contra a inflação por conta do IPCA.

Esse título é ideal para quem tem um objetivo de longo prazo (acima de dez anos), sendo ideal para a aposentadoria, como um plano de previdência

OS PRINCIPAIS TIPOS DE INVESTIMENTOS DO MERCADO FINANCEIRO

própria ou particular, sem depender do INSS, da ajuda de parentes ou da previdência privada. É uma opção para fazer parte de seu plano de acumulação e manutenção de patrimônio, podendo contribuir para uma estratégia de independência financeira. Você sabe em parte qual é a composição da rentabilidade que receberá na data de vencimento, a depender das variações do IPCA.

Nessa modalidade, há dois títulos disponíveis:

1. Tesouro IPCA+ (NTN-B Principal): São títulos com a rentabilidade associada à variação do IPCA e mais os juros definidos no momento da compra. Não há pagamento na sua conta de juros semestral. Esse título oferece rentabilidade nominal real, mas faz o pagamento todo de uma só vez, no final da aplicação. Forma de pagamento: no vencimento. É ideal para planejar a aposentadoria daqui há alguns anos.

2. Tesouro IPCA+ com juros semestrais (NTN-B): São títulos com a rentabilidade associada também à variação do IPCA e mais os juros definidos no momento da compra. Esse título oferece rentabilidade nominal real, mas a diferença é que ele faz o pagamento dos juros a cada semestre, com os rendimentos caindo na sua conta da corretora de seis em seis meses. A quantia investida é paga no final da aplicação. Forma de pagamento: semestralmente (juros) e no vencimento (principal). Os títulos com juros semestrais devem ser evitados, caso seu plano financeiro não inclua receber o dinheiro acumulado dos juros duas vezes por ano. Receber assim evitará que os juros compostos trabalhem melhor ao seu favor. Caso você já tenha acumulado bastante patrimônio e queira receber uma espécie de salário ou uma boa quantia de dinheiro sem muitas preocupações com riscos, essa pode ser uma boa opção.

Para a fase de acumulação de patrimônio, quando você está buscando chegar em seu primeiro milhão, por exemplo, a escolha de títulos com juros semestrais atrapalha a multiplicação dos juros compostos, não sendo tão indicados para esse propósito. Além de ter o desconto de IR a cada seis meses, você não consegue aproveitar ao máximo o poder multiplicador dos juros compostos, já que a rentabilidade sempre cai na sua conta todo semestre.

Por outro lado, caso você já tenha uma quantia suficientemente boa para viver a vida com seus investimentos financeiros, pode fazer sentido os títulos com juros semestrais.

Aqui vale uma diferença prática importante entre esses dois títulos vinculados ao IPCA. A rentabilidade total no vencimento é menor para o Tesouro IPCA+ com juros semestrais. Vamos a um exemplo:

Quando, em 2017, um cliente da consultoria me procurou, ele já tinha comprado títulos do Tesouro IPCA. Ao conversar melhor, ele me disse que havia lido em algum lugar que essa era uma boa opção para a aposentadoria. A questão é que ele comprou o Tesouro IPCA+ com juros semestrais. Como estava comprando esses títulos longos para a aposentadoria, ele perdia o efeito dos juros compostos a seu favor.

Apesar de ser uma boa escolha, comparando a maioria dos planos de previdência privada e a previdência pública, para o objetivo que ele tinha, essa não foi a melhor decisão. O Tesouro IPCA+ com juros semestrais depositam os juros no período de seis em seis meses na conta, e essa quantia não entra para compor os juros até o vencimento.

O cliente, sem saber desse detalhe, acabou comprando uma boa quantia nesses títulos. Com a consultoria, ele acabou continuando seu plano de longo prazo comprando os títulos Tesouro IPCA+ (NTN-B Principal), que multiplicavam mais todo seu capital até o vencimento.

Se a ideia com os títulos fosse usufruir da renda passiva de uma quantia maior de dinheiro que já tivesse sido acumulada, faria sentido ter o Tesouro IPCA+ com juros semestrais (NTN-B). Hipoteticamente, se ele tivesse R$1 milhão nesses títulos, poderia receber em sua conta, de seis em seis meses, naquela época, algo em torno de R$8.500,00. Nesse caso, seria outro objetivo, diferente daquele que o cliente queria.

Vimos que muitos dos títulos são pós-fixados. Isso quer dizer que a rentabilidade recebida na data de vencimento pode depender da taxa básica de juros (Selic) ou da inflação (IPCA) no período. Os títulos que têm essa características são o Tesouro Selic (LFT), o Tesouro IPCA+ com juros semestrais (NTN-B) e o Tesouro IPCA+ (NTN-B Principal).

Acredito que, para começar no mundo dos investimentos, é importante conhecer primeiro como funciona a renda fixa, começando os investimentos por ela, por conta da facilidade, menor risco e acessibilidade. Uma boa proposta para fazer na prática é por meio do programa do Tesouro Direto, seguindo a seguinte ordem: começando com a renda fixa, comprar Tesouro Selic fazendo a reserva de emergência, protegendo de qualquer imprevisto no curto prazo, passando para o Tesouro Prefixado, pensando em objetivos de mais médio prazo, e ir para o Tesouro IPCA, pensando no futuro e na aposentadoria.

Taxas do Tesouro Direto

Para investir no Tesouro Direto, existem duas taxas. Uma é cobrada pela sua instituição financeira, e outra, pela B3, por serviços prestados. Vamos a elas.

1. Taxa cobrada pela B3:

É uma taxa que corresponde aos serviços de guarda dos títulos e informações de movimentações financeiras. Essa custódia hoje é de 0,25% ao ano sobre o total aplicado dos títulos. A taxa é cobrada proporcionalmente ao tempo que você tem o título, até o saldo de R$1,5 milhão, por conta de custódia.

2. Taxa de administração cobrada pela Instituição Financeira:

A taxa cobrada pela instituição financeira (agente de custódia) pode variar muito. Essa é a taxa que sua corretora de valores pode cobrar de você. Ela pode variar entre 0% e 2% ao ano sobre a quantia total investida. Então, prefira as corretoras que isentam essa taxa.

> **PARA SABER MAIS:**
>
> Confira se sua corretora cobra taxas adicionais para investir no Tesouro Direto: <https://www.tesourodireto.com.br/conheca/bancos-e-corretoras.htm>.

No site do Tesouro Direto, você pode acessar um ranking com as taxas cobradas por cada instituição. Assim, você pode utilizar essas informações para negociar a cobrança com seu banco ou corretora, ou até trocar de instituição, fazendo a migração de seus títulos.

> **PARA SABER MAIS:**
>
> Para saber detalhes de cobrança de taxas, datas e outras informações, acesse: <https://www.tesourodireto.com.br/conheca/regras.htm>.

Impostos do Tesouro Direto

Os impostos cobrados no Tesouro Direto são os mesmos que incidem sobre os investimentos em renda fixa: o Imposto Sobre Operações Financeiras (IOF), para resgates da aplicação em menos de 30 dias, e o Imposto de Renda (IR), que segue uma alíquota regressiva, dependendo do prazo do investimento, conforme o Apêndice 2.

Incidem impostos sobre os rendimentos no caso de resgate antecipado, no pagamento de cupom de juros (O IOF não incide sobre os cupons de juros; somente o IR) e no vencimento dos títulos. Para efeito de incidência de IR, os dias são contados a partir da data de liquidação.

Por conta das taxas e dos impostos dos títulos do Tesouro Direto, é preciso analisar se é viável o investimento, principalmente nos títulos de mais curto prazo. Caso sua corretora de valores repasse taxas adicionais e, dependendo das condições da economia de quando você fizer esses investimentos e da data do resgate, pode ser que a rentabilidade seja afetada, ficando até abaixo da inflação.

PARA SABER MAIS:

Veja na prática como comprar títulos do Tesouro Direto usando uma corretora de valores em: <https://www.youtu.be/cH_ofb9v3qo>.

Eu "cultivo" títulos públicos de curto (Tesouro Selic), médio (Tesouro Prefixado) e longo prazos (Tesouro IPCA+). A maioria, comprei por volta do ano de 2014, e em relação aos mais longos, a vantagem é garantir uma rentabilidade alta durante muitos anos se comparada a renda fixa de 2020.

As vantagens dos títulos públicos são:

- Possibilidade de rentabilidade maior que a da poupança e de outros títulos da renda fixa.

- Têm garantia do Governo, sendo um dos investimentos mais seguros que existe.

- Facilmente se encaixam em seus planos financeiros.

- Investimento mínimo muito pequeno, podendo começar com poucos reais.

- Possibilidade de liquidez diária.

As desvantagens dos títulos públicos são:

- É tributado: tem a incidência de IR, conforme Tabela 1 do Apêndice 2.

- Caso você mantenha seu investimento por menos de trinta dias, também há incidência de IOF. A tributação segue conforme Tabela 2 do Apêndice 2.

FUNDOS DI

O Fundo DI é considerado o mais conservador dos fundos distribuídos. É um fundo de renda fixa que acompanha a variação da Taxa Selic, composto por títulos pós-fixados do Tesouro Direto. São fundos que devem investir, no mínimo, 95% do seu patrimônio em Títulos Públicos atrelados a Selic. Podem também ser compostos por títulos de crédito privado, cuja rentabilidade tem como parâmetro o CDI.

Servem como estratégia para proteger o patrimônio, e a rentabilidade normalmente é maior que a da poupança. Por esse produto ter a cobrança de taxa de administração, é preciso encontrar um fundo que tenha baixa taxa de administração. Nesse caso, a rentabilidade pode ser igual ou até superior ao CDI.

As vantagens do Fundo DI são:

- É muito conservador e seguro.

- Tem liquidez diária, e você pode resgatar quando quiser ou precisar seu dinheiro.

- Pode pagar próximo de 100% do CDI.

- Oportunidade de ter um gestor profissional que supostamente procurará o melhor desempenho.

- Pode ter um baixo custo de administração.

- Não tem carência (tempo de espera para receber o dinheiro depois de solicitar o resgate).

- Pode ser usado como reserva de emergência.

As desvantagens do Fundo DI são:

- Não tem garantia do FGC.

- Pode ter alto custo de administração.

- Baixa rentabilidade, comparando com investimentos com maior risco.

- Tem IR sobre os lucros (vide Tabela 1 do Apêndice 2).

- Tem IOF caso seja resgatado em menos de trinta dias (vide Tabela 2 do Apêndice 2).

- Pode haver opções melhores para sua reserva de emergência.

O ideal é que, caso você opte por esse investimento em sua carteira, escolha fundos que tenham taxa menor do que 1% ao ano de administração.

Eu não gosto muito de Fundos DI. O motivo é simples: se a grande maioria dos Fundos DI é conservadora e investe muitas vezes em Títulos Públicos (ou títulos que se aproximam do CDI) e em outras aplicações em renda fixa no final das contas e não assumem muitos riscos para trazer rentabilidade ao investidor, eu mesmo posso montar minha carteira com títulos públicos, comprando por conta própria.

Fundos cambiais

Os fundos cambiais são fundos de investimentos abertos, que aceitam aplicações e resgates e que investem em ativos ligados a moedas estrangeiras fortes, como o dólar e o euro. São indicados para a proteção de recursos do investidor contra as flutuações dessas moedas e também lucram quando elas têm variação positiva.

Os fundos cambiais devem investir pelo menos 80% da carteira em ativos de crédito relacionados a moedas estrangeiras, de qualquer nível de risco. Os 20% restantes devem ser investidos apenas em títulos e operações de renda fixa prefixada ou indexada ao CDI ou à Selic.

A rentabilidade dos fundos cambiais tende a acompanhar a variação das moedas de referência, que normalmente são o dólar ou o euro. Mesmo assim, esses fundos não são recomendados para quem tem objetivos de curto prazo, como uma viagem para o exterior muito próxima. Mas se o objetivo é custear um intercâmbio que será feito nos próximos anos e as perspectivas forem de alta da moeda estrangeira, a intenção é boa, com o objetivo de proteção das variações cambiais.

É uma opção para diversificação de carteira em uma moeda mais forte que o real. Pode servir como *hedge* (proteção) de uma parte de seus recursos do sobe e desce do câmbio.

Eles costumam ter alta liquidez. O investidor solicita o resgate, e dentro de poucos dias os recursos já estão na conta.

O risco desse tipo de investimento é um pouco maior, já que estão sujeitos à flutuação da moeda estrangeira de referência em relação ao real e vários fatores podem ter influência na volatilidade. O câmbio é um dos indicadores econômicos mais difíceis de se prever.

Todos os fundos cambiais seguem a regra do come-cotas, forma de tributação comum aos fundos de investimentos abertos. Funciona assim: a cada seis meses, o cotista deve pagar 15% de IR sobre os rendimentos. Quando for resgatar, deve pagar a diferença, se houver. Além disso, há a cobrança de IOF caso a aplicação seja feita em um prazo menor que trinta dias (vide Tabela 2 do Apêndice 2).

Além disso, o cotista tem descontado de seu rendimento a taxa de administração, que remunera a gestão profissional. Pode ou não haver a taxa de performance, em que é descontada do investidor a rentabilidade que for além do *benchmark* (indicador de referência do fundo), por exemplo, o CDI. Exemplo: fundo com referência em euro pode cobrar 20% sobre os rendimentos que ficarem acima da variação positiva da moeda no ano anterior.

As vantagens dos fundos cambiais são:

- Proteção com moeda mais forte que o real.

- Oportunidade de ter um gestor profissional que supostamente procurará o melhor desempenho.

- Pode ter boa rentabilidade, dependendo da competência do gestor.

As desvantagens dos fundos cambiais são:

- Não tem garantia do FGC.

OS PRINCIPAIS TIPOS DE INVESTIMENTOS DO MERCADO FINANCEIRO

- Pode ter alto custo de administração.

- Pode ter taxa de performance, e alta.

- Tem IR sobre os lucros (vide Tabela 1 do Apêndice 2).

- Tem incidência do come-cotas.

- Tem IOF, caso seja resgatado em menos de trinta dias (vide Tabela 2 do Apêndice 2).

- Normalmente tem carência (tempo de espera para receber o dinheiro depois de solicitar o resgate)

DEBÊNTURES

Segundo a CVM, a debênture é um valor mobiliário emitido por sociedades por ações, representativo de dívida, que assegura a seus detentores o direito de crédito contra a companhia emissora.

Trocando em miúdos, você empresta seu dinheiro para uma empresa, e em troca, ela te dá um papel (título de crédito privado) prometendo te pagar juros na maioria das vezes acima do praticado no mercado. Disponibilizando seus recursos para serem utilizados pela empresa, o debenturista ou titular de debênture recebe uma remuneração.

Essa remuneração é composta por juros fixos ou variáveis, participação no lucro da companhia, prêmio, etc., e pagamento do principal (preço unitário da debênture) no vencimento do título ou com amortizações nas quais se paga parte do principal antes do vencimento. Os debenturistas são credores da empresa, e o contrato estipulado chama-se "Escritura de Emissão", onde constam os direitos e deveres dos debenturistas e da emissora e a definição de condições e prazos.

Emitir debêntures no mercado é uma forma que as empresas têm de captar recursos no mercado de capitais, usado por elas para financiar seus projetos. Esses projetos podem ser: investimentos em novas instalações, alongamento do perfil das dívidas, financiamento de capital de giro, etc. Para algumas empresas, também é uma forma de gerenciar melhor as dívidas.

Os maiores compradores das debêntures no mercado brasileiro são os investidores institucionais, como grandes bancos, fundos de pensão e seguradoras, investidores estrangeiros, além dos investidores individuais. É importante que o investidor observe o Prospecto de Distribuição, que é disponibilizado aos investidores durante a oferta.

A debênture é encerrada na data de vencimento da escritura, variando conforme estipulado na emissão. A empresa pode definir amortizações parciais e resgates antecipados (parcial ou total) dos títulos da mesma série. E existe a debênture perpétua, que não tem data de vencimento determinada. As condições podem ser repactuadas, caso previsto na escritura e em concordância dos debenturistas e da empresa.

A emissão da debênture poderá ser feita com ou sem garantias. Para a emissão com garantia, temos:

- Garantia Real: envolve bens ou direitos que não podem ser negociados sem a aprovação dos debenturistas.

- Garantia Flutuante: garante privilégio geral sobre o ativo da emissora, sem impedir a negociação dos bens que compõe esse ativo.

Sobre a emissão sem garantia, temos as debêntures quirografárias (sem privilégio) e as debêntures subordinadas. Nos dois casos, o debenturista não tem garantia ou preferência no caso de liquidação da companhia.

Caso a empresa entre em liquidação, no pagamento de suas obrigações com os credores, as debêntures quirografárias precedem às debêntures subordinadas.

Existe, ainda, a possibilidade de conversão das debêntures em ações, podendo ser classificadas como:

- Debêntures simples: não podem ser convertidas em ações da companhia.

- Debêntures conversíveis: podem ser convertidas em ações ao término de prazo determinado ou a qualquer tempo, conforme estabelecido na escritura de emissão.

É bom que o investidor analise o prospecto da debênture, lendo as condições e tendo atenção especial para as seguintes seções:

- Fatores de risco: explicam quais são os riscos mais importantes a que o investidor estará exposto comprando as debêntures.

- Discussão e análise da administração sobre as demonstrações financeiras: os diretores da empresa fazem uma análise sobre a situação financeira e do resultado das operações da companhia.

- Escritura de emissão: direitos das debêntures e suas garantias, caso hajam.

- Relatório de classificação de risco: avaliação do grau de risco da empresa e sua capacidade de honrar as obrigações assumidas na emissão das debêntures (pagamento do principal e da remuneração), feita por agências de classificação de risco.

Dependendo da corretora, você faz a solicitação de investimento na própria plataforma ou via chat online. Sendo elas um ativo menos líquido que as ações, o investidor deverá ficar atento às condições de mercado quando desejar sair do investimento.

Eu mantenho algumas debêntures mais longas que adquiri em 2017, que aproveitei para garantir uma rentabilidade acima da média da renda fixa em 2020, por exemplo.

As vantagens das debêntures são:

- Podem ser isentas de IR.

- Podem ter boa rentabilidade, acima da média da renda fixa, dependendo das condições da empresa.

As desvantagens das debêntures são:

- Não têm garantia do FGC.

- Em caso de falência da empresa, pode-se perder dinheiro.

- Podem ter IR sobre os lucros (vide Tabela 1 do Apêndice 2).

RENDA VARIÁVEL

A renda variável é composta por tipos de investimentos que têm variação diária da quantia investida. Por exemplo, se compro ações na Bolsa de Valores hoje, amanhã provavelmente haverá variação nesse preço que paguei, para mais ou para menos.

E é essa variação para menos que mexe com o emocional de muitas pessoas, e a variação para cima estimula a ganância de outras. Saber lidar com as oscilações do mercado fará você se tornar um investidor cada vez melhor, tomando decisões inteligentes.

Os investimentos da renda variável em geral são considerados de médio para alto risco. A boa notícia é que, quanto mais alto o risco, maior a possibilidade de retorno ou lucros. Assim, pode ser que se tenha prejuízos ou que se tenha muito mais lucro do que na renda fixa.

Para fins de declaração de Imposto de Renda, os investimentos em renda variável também são declarados no informe anual que todo contribuinte deve enviar para a Receita Federal até o final de cada mês de abril. Normalmente, esse registro é feito na seção "Renda Variável", se a soma das vendas ultrapassarem R$20 mil no mês, e em "Bens e direitos", informando a posse de ações.

Na fase de acumulação de patrimônio, é fundamental reinvestir toda a renda passiva que se consiga criar. Assim, o patrimônio aumenta cada vez mais, diminuindo o tempo para se chegar na fase de "viver de renda", que faz parte da independência financeira.

A renda variável é vantajosa quando se pensa em longo prazo. É uma excelente forma de alocar recursos financeiros excedentes vindos do trabalho e das receitas mensais, com boas oportunidades de multiplicação e geração de riqueza. Eu gosto muito, e ela é bastante explorada pelos grandes investidores.

Dependendo das condições econômicas, a renda variável pode ser vantajosa ou desvantajosa. Por incrível que possa parecer, as melhores oportunidades para comprar e entrar no mercado de renda variável ocorrem

OS PRINCIPAIS TIPOS DE INVESTIMENTOS DO MERCADO FINANCEIRO

no auge de uma crise, quando os preços estão mais baixos. Esse é um momento de insanidade em que muitas pessoas fazem o contrário, saindo do mercado, assumindo perdas e tomando decisões emocionais, sem visão de longo prazo.

Vamos então aos investimentos em renda variável, detalhando cada um.

FUNDOS IMOBILIÁRIOS

Um Fundo de Investimento Imobiliário (FII) é uma reunião de recursos financeiros que aplicam em ativos de empreendimentos imobiliários. O administrador desse fundo (uma instituição financeira) cria e faz o processo de captação de recursos desse fundo vendendo cotas aos investidores.

O patrimônio de um FII é dividido em cotas, que representam "pedaços" de seu patrimônio. As cotas, em geral, dão direitos e deveres iguais a todos seus cotistas (titulares). Assim, o investidor se torna cotista, ou seja, titular ("dono") do FII na proporção de seu investimento. Mesmo assim, o cotista não pode exercer qualquer direito real sobre os imóveis e empreendimentos que fazem parte do patrimônio do fundo. Por outro lado, ele não responde pessoalmente por qualquer obrigação legal ou contratual do administrador ou sobre os imóveis/empreendimentos.

Além disso, o fundo é responsável por toda a administração: procura por imóveis, trâmites de compra e venda, aluguel para inquilinos, manutenção, obrigações legais, impostos e taxas, a divulgação de informações aos cotistas, a distribuição dos resultados, a organização e a realização das assembleias, e outros. Assim, o investidor não tem dor de cabeça com nada disso!

O fundo pode investir na compra de imóveis rurais ou urbanos, prontos ou em construção, com fins comerciais ou residenciais. Além disso, os recursos podem ser usados para comprar títulos e valores mobiliários ligados ao setor imobiliário, como cotas de outros FIIs (os Fundos de Fundos — FoF), Letras Hipotecárias (LH), Letra de Crédito Imobiliário (LCI), Certificado de Recebíveis Imobiliários (CRI), ações de companhias do setor imobiliário, entre outros.

Cada FII deve seguir um regulamento que define a política de investimento do fundo. Essa política é quem diz se um determinado FII pode investir só em imóveis prontos para aluguel de salas comerciais, ou se é permitido comprar imóveis prontos ou em construção, que poderão ser alugados ou vendidos, por exemplo.

Ao comprar imóveis, um FII poderá ter renda alugando, vendendo ou arrendando esse imóvel. Caso escolha ter títulos e valores mobiliários, a renda do fundo pode vir dos rendimentos desses ativos ou pela diferença entre o preço de compra e de venda (ganho de capital). E como o investidor ganharia dinheiro? Quem investe em um FII teria a rentabilidade distribuída periodicamente, normalmente todo mês.

A maioria dos FIIs não tem data para vencimento ou para acabar (liquidação), tendo duração indeterminada. Caso o investidor tenha interesse em sair do investimento, ele conseguirá fazer isso vendendo suas cotas no mercado secundário a outro investidor, usando o *Home Broker*, por exemplo. Boa parte dos FII tem as cotas negociadas na Bolsa de Valores, o que traz liquidez para essas cotas do fundo. É aí que você pode comprar e vender as cotas que quiser!

Como os fundos imobiliários podem investir em diferentes ativos e empreendimentos imobiliários, é importante estar atento a sua política de investimentos, já que grande parte da rentabilidade e dos riscos de cada fundo está relacionada aos ativos que os FIIs têm na carteira. Além disso, alguns investem em vários empreendimentos, inclusive com diversificação geográfica, enquanto outros concentram sua aplicação em um único imóvel.

É possível classificar os FIIs nos seguintes principais tipos.

Fundos de renda ou de tijolo

Os fundos de tijolo direcionam a maior parte de seus recursos para a aquisição de direitos reais sobre bens imóveis, com o objetivo de gerar renda por meio do aluguel destes.

Eles representam imóveis físicos, com o objetivo de comprar ou construir imóveis para alugar e gerar uma renda mensal. É a estratégia mais procurada pelos investidores, e a maioria dos fundos é desse tipo.

Dentro dessa categoria, existem imóveis com vários setores de atividades, como:

- Lajes corporativas: BRCR11, HGRE11, PATC11, VINO11
- Galpões logísticos: HGLG11, VILG11, BTLG11
- Shoppings: HGBS11, PQDP11, SHPH11
- Agências bancárias: BBPO11, BBRC11, AGCX11
- Lojas e supermercados: RBRD11, MAXR11B
- Universidades: AEFI11, FCFL11B, FAED11B
- Hospitais: HCRI11B, NSLU11B

Alguns fundos podem ter participação em mais de um imóvel, segmento ou setores. Esses fundos são bastante procurados por quem quer ter uma renda constante, com bom potencial de valorização das cotas e reajustes dos aluguéis. Esse é o que mais se assemelha a ter um imóvel físico, porém sem muitas das dores de cabeça de se ter um.

A desvantagem é que, assim como os imóveis físicos, se o inquilino quiser se mudar, uma vacância temporária ocorrerá, refletindo na renda do aluguel que você recebe. Para diminuir esse risco, muitos fundos de tijolo buscam fazer contratos mais longos com as empresas que alugam o imóvel. Além disso, um fundo pode ter imóveis com localização ou condições ruins, o que pode afetar a demanda pela locação.

Fundos de desenvolvimento

Os fundos de desenvolvimento têm o foco principal no setor de construção imobiliária e incorporações, e os rendimentos para o investidor vêm da venda desses empreendimentos prontos.

Normalmente, compram terrenos para construir e lucrar com a venda dos imóveis. É bem semelhante às empresas de construção civil. A vantagem é que eles usam apenas o dinheiro que têm no fundo (menor risco), diferentemente das empresas construtoras, que costumam trabalhar com alavancagem.

A desvantagem é que eles podem ser mais arriscados, por conta de diversos problemas que podem ocorrer com as obras e com as vendas, diferentemente dos fundos de tijolo, por exemplo. Exemplos: MFII11 e RBDS11.

Fundos de títulos ou de papel

Esses fundos investem a maior parte de seu patrimônio em títulos ou valores mobiliários, de renda variável ou de renda fixa, relacionados ao mercado. Esses títulos podem ser recebíveis imobiliários, como CRI e LCI.

Eles são interessantes porque investem em papéis da renda fixa tendo um componente na renda variável. E têm a vantagem da diversificação, já que a composição da carteira desses fundos normalmente tem vários desses títulos. Além disso, o cotista pode negociar sua cota a qualquer momento, diferente de se escolhesse comprar esses títulos por conta própria.

Uma desvantagem pode ser que o preço da cota não varia tanto. O fato é que esses fundos investem em renda fixa, e tendo que distribuir seus lucros, seu patrimônio não sofre muitas alterações. Alguns exemplos de fundos de papel são: KNCR11, DEVA11, HGCR11 e BCRI11.

Fundos de Fundos (FoF)

É um FII que basicamente investe em outros FIIs. Devido a essa característica, se parecem com os fundos de ações, que compram ações de várias empresas. Dessa forma, é como se você comprasse um fundo imobiliário que monta sua própria carteira de investimentos em fundos imobiliários.

Os FoF podem ser interessantes para quem está começando, já que esses fundos possibilitam uma maior diversificação. Alguns exemplos de FoF são: BCFF11, KISU11, KFOF11 e HFOF11.

É sempre importante conhecer a política de investimentos antes de investir em um FII. Ela deve estar claramente descrita em seu regulamento, que é um documento importante para o investidor. Além disso, você normalmente está pagando taxas para investirem por você. Então verifique se essas taxas são razoáveis com base no retorno que o FII traz ao longo do tempo.

Eu gosto muito de analisar um FII vendo se ele está "caro" ou "barato". Basta observar o valor patrimonial do fundo em relação ao preço de mercado. Se o preço estiver muito acima do valor patrimonial, esse é um sinal de que você pode estar pagando caro. É claro que essa não deve ser a única métrica de análise, mas ela já pode mostrar indícios de preços acima do normal.

Rentabilidade

A primeira e talvez a principal forma de rendimento de um investimento em FII é por meio da distribuição periódica de resultados ("aluguel"). Por lei, os FIIs são obrigados a distribuir rendimentos, no mínimo, de seis em seis meses. Na prática, no entanto, a maioria dos fundos distribui os rendimentos mensalmente.

Como falamos, essa renda dependerá da política de investimento do fundo. Pode ser por meio de aluguéis, da receita de incorporação ou ganho de capital na venda dos direitos reais sobre os imóveis, ou de juros ganhos com os títulos e valores mobiliários. Ou da combinação desses fatores.

Uma grande vantagem, ainda, é que os rendimentos recebidos pelos cotistas pessoas físicas são isentos de Imposto de Renda quando as seguintes condições são atendidas:

- O cotista beneficiado tiver menos do que 10% das cotas do fundo.

- O FII tiver no mínimo cinquenta cotistas.

- As cotas do FII forem negociadas exclusivamente em Bolsa de Valores ou mercado de balcão organizado.

Ou seja, para a maioria dos casos. Pelo contrário, caso você venda suas cotas dos FII no mercado, haverá incidência do Imposto de Renda, seguindo à alíquota de 20% sobre os ganhos. Diferentemente da venda de ações, quando há isenção de IR no caso de vendas com lucros até a quantia de R$20 mil, no caso dos FIIs, essa cobrança é feita de qualquer operação de venda que gera ganhos.

Os FII não são considerados investimentos de renda fixa, apesar de muitos distribuírem rendimentos mensais, porque não há garantia de que esse rendimento será mantido (inadimplência de um inquilino, vacância de um imóvel, etc.) e porque o valor das cotas pode oscilar de forma considerável, a depender das condições de mercado, da gestão do fundo e da aversão ao risco dos investidores.

E essa responsabilidade pelo recolhimento do imposto é do investidor. Sua corretora pode até te ajudar no cálculo, disponibilizando em sua plataforma essas informações. Para fins de declaração de Imposto de Renda, os fundos imobiliários são declarados no informe anual que todo contribuinte deve enviar para a Receita Federal até o final de cada mês de abril. É possível cadastrar todos os meses, e esse registro normalmente é feito na seção "Renda Variável", na aba "Operações Fundos Invest. Imob."

Riscos

Assim como no mercado financeiro e como ocorre em geral com as empresas, os FII estão sujeitos aos riscos de mercado, como os riscos de natureza política, econômica e financeira, incluindo variações nas taxas de juros, desvalorização cambial, mudanças legislativas etc.

Além disso, os FII apresentam riscos em relação ao mercado imobiliário, como os riscos relacionados à taxa de ocupação dos imóveis, à desvalorização ou à própria regulamentação do setor. Há, ainda, o risco

OS PRINCIPAIS TIPOS DE INVESTIMENTOS DO MERCADO FINANCEIRO

de liquidez, já que os FII são fechados, e a liquidez do ativo variará de acordo com a disponibilidade de ofertas no mercado secundário (bolsa e balcão). Por isso, é importante procurar FIIs que tenham maior liquidez.

Resumindo, investir em FIIs pode causar perdas patrimoniais por conta dos riscos relacionados à liquidez das cotas, à volatilidade do mercado de capitais e da economia e aos imóveis que compõem a carteira.

Os fundos imobiliários são ótimas opções para você ter renda periódica e passiva quando já tiver acumulado uma boa quantia de dinheiro. Normalmente, eles distribuem os proventos ("aluguéis") todos os meses, o que facilita bastante a organização financeira.

PARA SABER MAIS:

Veja na prática como comprar fundos imobiliários usando um aplicativo para celular em: <https://www.youtu.be/p3XT9eyiaTQ>.

Eu gosto e tenho fundos imobiliários na minha carteira. Eles diminuem o risco total da carteira, pois são atrelados a imóveis e pagam valores normalmente mensais na conta, sendo bastante úteis para quem está em um estágio financeiro mais avançado, vivendo de renda.

As vantagens dos FIIs são:

- Permitem investir no mercado imobiliário sem que se precise comprar um imóvel físico, e com pouco dinheiro.

- Não há a necessidade de comprar um imóvel inteiro, o que é normalmente exigido para investir em um imóvel físico.

- Possibilidade de diversificação em diferentes tipos de ativos do mercado imobiliário (ex.: shopping centers, galpões logísticos, hotéis etc.).

- Os "aluguéis" e as receitas geradas pelos imóveis ou ativos do fundo são distribuídos para os cotistas de forma periódica.

- O aumento nos preços dos imóveis do fundo leva a um aumento do patrimônio do fundo e, com isso, à valorização de suas cotas.

- A administração fica a cargo dos profissionais responsáveis pelo fundo.

- Podem ter boa rentabilidade acima da média em períodos de crise e instabilidade.

As desvantagens dos FIIs são:

- Pode-se perder dinheiro.

- Tem cobrança de IR em caso de venda de cotas com lucro (vide Tabela 1 do Apêndice 2).

FUNDOS DE AÇÕES

Investindo em um Fundo de Investimento de Ações (FIA), esse fundo escolherá as ações para você, e em troca você pagará por essa escolha, pressupondo que ele fará boas escolhas. Se as escolhas forem boas, as cotas valorizam, caso contrário, se desvalorizam. É como se fosse um trabalho terceirizado, pagando-se a uma empresa para decidir quais ações serão mais rentáveis ao seu dinheiro.

Um administrador constitui esse fundo, fazendo o processo de captação de recursos com os investidores por meio da venda de cotas. Sua rentabilidade é definida pelos rendimentos distribuídos por meio dos ativos que compõem sua carteira.

Ele pode ser definido na forma de condomínio aberto, quando os cotistas podem resgatar suas cotas a qualquer tempo, ou fechado, quando os cotistas só podem resgatar suas cotas no fim do prazo de duração do fundo ou sua liquidação.

Um FIA pode ser uma opção de diversificação de carteira de investimento, com a possibilidade de menor suscetibilidade às variações de preços de ações específicas. Além disso, o investidor conta com um gestor profissional que acompanha o mercado e busca retornos superiores a determinadas referências de mercado, como o CDI ou o Índice Bovespa. Assim, para um fundo que tem como referência o Ibovespa, por exemplo, o gestor buscará aplicar em ações que tenham uma perspectiva de rentabilidade superior ao índice, gerando maior retorno ao investidor.

O FIA tem como principal fator de risco a variação dos preços de ações que compõem sua carteira de ativos.

PARA SABER MAIS:

Conheça aqui alguns fundos de ações em: <https://www.financaspessoais.net.br/fundos-acoes>.

A rentabilidade do fundo comparada ao CDI deve ser grande, já que ficar acima do CDI é quase que uma obrigação, visto que fundos de renda fixa fazem isso sem assumir riscos de perdas e existem outros investimentos que garantem o pagamento de 100% do CDI, como contas digitais. Essa linha de rentabilidade deve ser bem descolada da linha do CDI.

Antes de investir, e na hora de comparar diferentes fundos, é importante ficar atento aos seus custos. Entre eles, as taxas cobradas pelos administradores pelos serviços prestados são relevantes e merecem a atenção.

As taxas comuns são a taxa de administração, que é a taxa para arcar com os custos operacionais da empresa, da equipe e sua remuneração. Eventualmente, pode ocorrer a cobrança da taxa de performance, que é uma porcentagem de tudo o que fica acima da linha do *benchmark* (que pode ser o CDI ou o Índice Bovespa). Além disso, alguns fundos ainda podem também cobrar taxas de ingresso (no momento da aplicação) e de saída (no momento do resgate). Vamos aos detalhes.

A taxa de administração

A taxa de administração é uma taxa cobrada pelo administrador do fundo como forma de remunerá-lo pela prestação dos serviços de gestão da carteira, administração e despesas associadas ao funcionamento do fundo.

No regulamento, deve ser definida qual taxa de administração será cobrada pelo administrador. O investidor deve estar atento e fazer comparações entre os FIAs disponíveis, usando isso como um dos critérios para a escolha de um fundo, já que não há limites mínimo e máximo do percentual que pode ser cobrado como taxa de administração.

Essa taxa só pode aumentar por meio de aprovação prévia na assembleia geral do FIA, mas caso queira reduzir a taxa, o administrador pode, comunicando o fato a CVM e aos cotistas.

A taxa de performance

A taxa de performance, caso faça parte do regulamento do fundo, é cobrada quando o resultado do fundo fica acima do patamar previamente estabelecido. É como uma remuneração baseada no resultado, um prêmio cobrado pelo administrador caso a rentabilidade do fundo seja superior à do referencial estabelecido.

O cálculo da taxa de performance é feito depois da dedução de todas as despesas, inclusive a taxa de administração.

Todas as taxas do fundo são obrigatoriamente descontadas antes do valor da cota e da rentabilidade divulgada para o mercado. Dessa forma, quando é comparada a rentabilidade entre fundos, já estão descontadas as taxas, mostrando o resultado líquido. Então a comparação dos resultados fica mais fácil, já que um fundo com custos mais altos, mas que tenha melhor resultado, pode ser comparado com outro de custos e resultados mais baixos, facilitando a escolha do investidor.

Outras despesas que podem ser inclusas do fundo são: despesas de corretagem, de custódia e liquidação financeira de operações e de auditoria.

Alguns fundos exigem um investimento mínimo mais alto, como R$50 mil ou R$10 mil. Mas é comum que a maioria deles tenha como investimento mínimo algo como R$500,00 e R$1.000,00.

É importante estudar se na composição da carteira do fundo existe algum título ou ativo com alto grau de risco, como derivativos, ações sem liquidez ou empresas em recuperação judicial.

Um FIA pode ser útil para quem realmente não está disposto ou realmente não tem muito conhecimento na análise de empresas e ações com mais profundidade e quer aproveitar o potencial multiplicador que a valorização do mercado de ações traz ao longo do tempo.

Mesmo assim, como você pode ter notado, são muitas as características a serem observadas para se escolher um bom fundo de investimento em ações. É preciso avaliar o que mais vale a pena: estudar e acompanhar todas essas características ou partir para estudar as empresas e fazer as escolhas de ações por conta própria. Eu normalmente prefiro a segunda opção.

Tributação

É cobrado Imposto de Renda (IR) sobre o rendimento bruto do fundo no momento do resgate. Independentemente do prazo de aplicação, a alíquota de IR de 15% incide sobre o total da rentabilidade.

As vantagens dos FIAs são:

- Possibilitar que investidores de perfil similar concentrem seus recursos.

- Contar com profissionais especializados e gestor profissional, dedicados à gestão dos recursos, acompanhando o mercado e selecionando ativos.

- Diversificar a carteira de investimentos, já que o fundo é, em geral, composto por ações de diversas empresas.

- Pode ter boa rentabilidade acima da média da renda fixa e até da renda variável.

As desvantagens dos FIAs são:

- Não tem garantia do FGC.

- O investidor delega a terceiros a administração de seus recursos.

- Falta de autonomia na tomada de decisão, submissão a regras previamente estabelecidas e à vontade da maioria dos cotistas, entre outras.

- Em caso de falência da empresa, pode-se perder dinheiro.

- Tem cobrança de IR em caso de venda das cotas com lucro (vide Tabela 1 do Apêndice 2).

- Na compra direta de ações, você tem a vantagem tributária quando vende até R$20 mil. No caso do fundo, você sempre paga o IR — no caso de lucro, em ambos (sem valor mínimo).

ETF — FUNDOS DE ÍNDICES

Os Fundos de Índice, ou ETF (*Exchange Traded Funds*), são fundos de investimento que têm como objetivo investir em uma carteira de ações que busca "copiar" a carteira e a rentabilidade de um determinado índice de referência (ou subjacente), como o Ibovespa, ou qualquer índice de ações reconhecido pela CVM.

Assim, ao adquirir cotas de um ETF referenciado em um índice de ações, o investidor passa a ter indiretamente todas as ações componentes desse índice, e na mesma proporção que cada uma delas representa do índice, sem precisar comprar separadamente as ações de cada empresa.

Sempre que o índice subjacente é rebalanceado, o administrador do ETF também ajusta sua composição, também em casos de distribuição de proventos.

Os ETF têm as cotas negociadas na Bolsa de Valores e vêm ganhando popularidade entre os investidores. Por serem compostos por ações de

OS PRINCIPAIS TIPOS DE INVESTIMENTOS DO MERCADO FINANCEIRO

diversas companhias, conseguem diversificar no mercado de ações sem a necessidade de compra de ações separadamente por parte do investidor.

Além disso, os ETF normalmente têm uma baixa taxa de administração, permitindo aos investidores acesso ao mercado de ações de forma diversificada sem altas despesas operacionais, com baixo investimento inicial e sem a necessidade de realizar ajustes na carteira para reproduzir performance do índice subjacente.

A negociação dos ETF é feita da mesma forma que em qualquer ação listada para negociação em bolsa. Um investidor que adquire cotas de um ETF está investindo indiretamente em várias das principais empresas brasileiras e até internacionais, com a facilidade de negociar um único ativo.

PARA SABER MAIS:

Veja quais são os ETF mais comuns disponíveis em: <https://www.financaspessoais.net.br/etfs-mais-populares>.

Trocando em miúdos, com um ETF, você consegue também aproveitar a valorização das ações na Bolsa de Valores. Você compra um único ativo, mas é como se comprasse vários.

A grande questão é que você normalmente fica na média. É uma estratégia de investimentos mais tranquila, que diminui o estresse emocional das oscilações bruscas de alguns ativos. Diminui também o risco de uma empresa específica quebrar ou estar em sérios problemas de negócio.

Quando comprar um ETF?

Depois de ter feito o plano na renda fixa, pode ser o primeiro passo na renda variável, em paralelo com os FIIs.

Para quem serve?

Quem está começando na renda variável, médicos plantonistas que trabalham muitas horas por dia, alguém que quer curtir os filhos e não quer ter grandes preocupações com escolha e manutenção de carteira, diretores e coordenadores de empresas que vivem o dia a dia da empresa, funcionários cujo trabalho exige muito, para algumas pessoas que querem diversificar investimentos, por exemplo.

Alguns exemplos de ETF são BOVA11 e BOVB11 (que replicam o Ibovespa), IVVB11 (que replica o índice de ações dos EUA S&P 500 — ações das 500 principais empresas dos Estados Unidos) e SMAL11 (índice de *small caps* da B3, composto por empresas menores).

Tributação

Você paga uma taxa de administração quando compra ETF e também paga o Imposto de Renda (IR) de 15% sobre a rentabilidade quando vende.

Taxas

As taxas cobradas são de emolumentos, liquidação e ISS. Essas taxas cobradas pela B3 costumam mudar, mas giram em torno de 0,03% sobre o total investido. Pode haver o repasse de outras taxas, e você pode consultar sobre essas mudanças aqui:

PARA SABER MAIS:

Veja mais sobre ETF em: <https://www.financaspessoais.net.br/etfs>.

Para quem está começando na renda variável, acredito que seja uma boa forma para entender e começar com pouco, juntamente com os fundos imobiliários. Um ETF que investe no exterior também é uma boa forma de diversificação e de começar investindo em mercados de outros países.

As vantagens dos ETF são:

- Fácil diversificação.

- Contar com profissionais especializados e gestor profissional, dedicados à gestão dos recursos, acompanhando o mercado e selecionando ativos.

- Diversificar a carteira de investimentos, já que o fundo é, em geral, composto por ações de diversas empresas.

- Pode ter boa rentabilidade acima da média da renda fixa e até da renda variável.

As desvantagens dos ETF são:

- Não têm pagamentos de dividendos e juros sobre capital próprio na conta como as ações, mas os dividendos são incorporados ao patrimônio do fundo.

- Não tem garantia do FGC.

- Investidor delega a terceiros a administração de seus recursos.

- Incide IR sobre os lucros, inclusive de vendas abaixo de R$20 mil (vide Tabela 1 do Apêndice 2).

- Na compra direta de ações, você tem a vantagem tributária quando vende até R$20 mil. No caso do fundo, você sempre paga o IR — no caso de lucro, em ambos(sem valor mínimo).

OURO

Alguns profissionais de mercado não consideram o ouro como um investimento. Eu mesmo pensei um pouco antes de colocar essa seção aqui.

A alegação é a de que o ouro, a prata, a criptomoeda, o dólar ou outra moeda estrangeira não são capazes de se multiplicar, gerando outro ouro, dólar ou bitcoin. Daqui a dez anos, o mesmo 1kg de ouro será 1kg de ouro. E isso realmente é verdade.

As ações, por exemplo, têm essa capacidade, gerando dividendos que podem ser usados para comprar outras ações. Mesmo assim, coloquei aqui esse metal precioso que pode ser útil em uma carteira diversificada, trazendo mais proteção e rentabilidade ao investidor.

A cotação do ouro negociado no mercado à vista da B3 tem influência de muitos fatores. Alguns dos fatores é que a cotação do metal varia de acordo com o preço do ouro no mercado internacional e também tem influência do dólar. Por esse motivo, é difícil fazer projeções sobre seu preço.

Sendo assim, comprar ouro é considerado um investimento de alto risco. É um produto de investimento muito volátil, podendo chegar a até 20%. Em alguns meses, a rentabilidade pode ser bem alta, porém, em outros meses, pode ter fortes quedas, podendo deixar muitos investidores desconfortáveis.

O ideal é que se invista em ouro depois de se ter um bom conhecimento sobre o mercado de renda fixa e, principalmente, de renda variável. É importante também já ter investimentos diversificados com uma boa carteira de fundos imobiliários e ações, e já tendo experiência na escolha desses ativos. Depois disso, ter ouro na carteira poderá aumentar sua diversificação e proteção da carteira como um todo. Faz maior sentido para carteiras maiores de investimentos.

O ouro deve ser encarado não como um investimento que renderá lucros ao longo de décadas, mas, sim, como proteção da carteira de investimentos como um todo. Pode fazer sentido em momentos de uma iminente crise, quando os mercados estão em final de ciclo de alta. Quando as incertezas sobre a economia aumentam, ele normalmente se valoriza, ao contrário dos ativos financeiros, como as ações.

A compra de ouro pode ser feita pelo código OZ1D (ouro 250 gramas) e OZ2D (ouro 10 gramas). A questão é que a corretora pode repassar vários custos, como a custódia mensal, corretagem sobre o volume financeiro e emolumentos, que costumam ser caros e em percentual alto sobre o total investido. Além disso, a negociação em algumas corretoras fica somente pela mesa de operações, diminuindo a praticidade.

Em momentos de crise, o ouro é procurado normalmente como um porto seguro, sendo uma boa opção para compor a carteira de investimentos. Nesses momentos, seu preço costuma aumentar, já que os investidores buscam ativos com lastro físico.

No caso de uma carteira já formada e bem diversificada, com o investidor já com certa experiência de mercado, o ouro pode fazer muito sentido em pequenas porcentagens no portfólio.

Aqui vale um ponto favorável sobre os fundos de investimentos, como os multimercados: existem algumas exceções de boas oportunidades para investir neles. Um exemplo é um fundo que tive que investe apenas em ouro. Na época, foi a forma mais vantajosa (e barata) que encontrei. Existem opções com investimento mínimo baixo (algo como R$500,00), com baixa taxa de administração (algo como 0,1% ao ano) e sem taxa de performance. Lembrando que haverá cobrança de Imposto de Renda e IOF, conforme as tabelas do Apêndice 2.

As vantagens do ouro são:

- Pode ter boa rentabilidade, acima da média, em períodos de crise e instabilidade.

- Boa opção para compor a carteira, como proteção.

As desvantagens do ouro são:

- É um ativo que não paga dividendos.

- Pode-se perder dinheiro.

- Custos altos de taxas, dependendo da forma como você comprar.

- Incide impostos como IR e IOF (vide Apêndice 2).

AÇÕES

Comprar ações é comprar um "pedaço" de uma empresa, se tornando sócio dela. Ação é a menor parte do capital social de uma empresa. Sendo um acionista, você tem direitos e deveres de um sócio, no limite das ações que tem.

Existem basicamente três formas principais de ganhar dinheiro tendo ações de uma empresa: além da valorização do preço ao longo do tempo (preço de compra x preço de venda), você pode receber os dividendos distribuídos por elas, fruto de sua participação do lucro da companhia, além dos Juros sobre Capital Próprio (JCP) pagos e bonificações. Além disso, havendo a emissão de novas ações por parte da companhia, em alguns casos, o acionista ainda terá o direito de subscrição dessas ações.

No mercado de ações, não há garantias de valorização. O preço de uma ação pode cair, se multiplicar muitas vezes, ou até mesmo, em casos extremos, chegar a zero. Esse resultado dependerá, via de regra, da gestão da companhia e das condições da economia.

Segundo a CVM, as ações são valores mobiliários emitidos por sociedades anônimas representativas de uma parcela de seu capital social. Em outras palavras, são títulos de propriedade que dão aos investidores a participação na sociedade da empresa.

Elas são emitidas por empresas que querem captar recursos para desenvolver projetos que financiem seu crescimento. Uma empresa com o capital aberto e negociado assim na Bolsa de Valores tem a tendência de ter um diferencial competitivo, com maior transparência, informando ao mercado seus dados periodicamente, o que facilita os negócios, atraindo investidores.

Para uma empresa, a abertura de capital também é positiva, por conta de processos sucessórios, heranças e estratégias empresariais. As ações das empresas também podem integrar os índices da B3, proporcionando mais visibilidade e demanda pelos seus papéis.

As ações podem ser de dois tipos: ordinárias ou preferenciais. A principal diferença entre esses tipos é que as ações ordinárias (sigla ON) dão direito a voto nas assembleias de acionistas. As ações preferenciais (sigla PN) normalmente não têm o direito de voto. Apesar disso, têm prioridade na distribuição de dividendos, no reembolso de capital e outras prioridades.

Para o investidor, o ideal é escolher um grupo de ações, diversificando de forma a diminuir os riscos de se investir em um determinado setor ou em uma empresa que possa apresentar problemas, evitando o risco de perder todo o capital investido. A esse grupo de ações que o investidor forma, damos o nome de carteira ou portfólio de ações.

O primeiro lançamento de ações que uma empresa faz no mercado é chamado de Oferta Pública Inicial (IPO – *Initial Public Offer*). Depois da abertura de capital e da oferta inicial, a empresa pode fazer outras ofertas públicas, conhecidas como *follow on*.

O principal índice divulgado pela B3 é o Índice Bovespa. É uma carteira teórica de ações. Esse índice reflete as variações dos preços das principais ações negociadas na Bolsa de Valores brasileira, e o impacto da distribuição dos proventos, sendo considerado um indicador que avalia o retorno total de suas ações. O Ibovespa tornou-se a referência para rentabilidade de fundos de ações e para o desempenho da Bolsa.

O preço das ações, chamado de "cotação", oscila conforme a expectativa dos investidores em relação à empresa. Os principais fatores que podem influenciar os investidores na decisão de comprar ou vender as ações são:

- A perspectiva de lucro da companhia em suas atividades.

- Os dividendos a serem distribuídos.

- As projeções de analistas de mercado sobre a empresa.

- A liquidez das ações no mercado.

- O grau de alinhamento de interesses existente entre administradores, acionista controlador e demais acionistas.

- Indicadores de mercado e cenário econômico.

Existem basicamente duas técnicas que ajudam os investidores na análise e decisão sobre as ações, se deve comprar ou vender, a que preço e qual o melhor momento para agir.

A Análise Fundamentalista é uma forma de análise que demanda alguns conhecimentos de economia, administração e matemática financeira, usada por investidores e administradores de recursos. Muitos profissionais do mercado se especializam nessa técnica e a usam na análise de empresas de setores específicos da economia, como siderurgia, petróleo, varejo, entre outros.

Nela, é feito um estudo das demonstrações financeiras da companhia, indicadores, balanços, informações setoriais e macroeconômicas e cálculos. Hoje existem muitos sites confiáveis e aplicativos que disponibilizam essas informações.

PARA SABER MAIS:

Veja mais sobre como obter dados empresariais de forma mais simples em: <https://www.financaspessoais.net.br/analise-fundamentalista>.

Na Análise Técnica, também chamada Análise Gráfica ou Grafista, é feita uma análise dos gráficos das cotações históricas das ações. Ela busca identificar padrões que sinalizem o comportamento futuro do papel. A partir desses dados, procura-se identificar o melhor momento para compra e venda das ações.

Eu gosto de usar a análise técnica como *timing* para comprar algumas ações. Tenho a filosofia de investimento de comprar com preço baixo. Gosto de olhar o gráfico e buscar "promoções", ficando com ativos quando aparecem oportunidades de quedas de preços, algumas vezes na mínima histórica do gráfico, ficando com o ativo até que ele se recupere. A análise gráfica me ajuda nisso, buscando patamares de preços para compra e para venda como referência.

Algumas pessoas buscam ter retornos no mercado com especulação, comprando e vendendo ações em um mesmo dia (*day trade*) ou comprando ações e vendendo dentro de um intervalo de dias (*swing trade*). Os investidores buscam fazer escolhas mais conscientes, com análises mais profundas sobre a empresa, com o objetivo de realmente ser sócios do negócio, acreditando em seu sucesso. Essa é a estratégia do *buy and hold*.

A escolha de uma carteira de ações é uma arte. Existem muitas técnicas para isso. Para escolher as melhores ações para compor sua carteira, com o maior potencial de retorno, protegendo seu patrimônio, é preciso diversificar e estudar empresas, a ponto de conhecê-las bem e entender seu negócio e setor.

É possível fazer operações sem dinheiro em conta, utilizando a alavancagem e a conta margem, uma espécie de cheque especial. Essa prática pode maximizar os ganhos e também os prejuízos, não sendo indicada para iniciantes e para a maioria dos investidores.

O *Home Broker* é uma plataforma disponibilizada pela sua corretora de valores onde você pode comprar ações diretamente usando um código. Cada empresa tem um código associado: Exemplo: Petrobras (PETR4, PETR3), Vale (VALE3), Lojas Renner (LREN3).

PARA SABER MAIS:

Veja na prática como comprar ações usando a Home Broker em: <https://www.youtu.be/LBdU30xzsOw>.

Tributação

Você não paga grandes impostos quando compra ações. Você paga Imposto de Renda (IR) quando vende suas ações. Caso você venda ações de uma ou mais empresas cuja soma em um mês somaram menos de R$20 mil, não é preciso pagar IR sobre a operação. Caso contrário, quando há lucro, você paga 15% de alíquota sobre o lucro.

No caso de *day trade*, é cobrado 20% de IR para o lucro obtido. Caso haja prejuízo, não há incidência de imposto.

Taxas

Há alguns custos menores nas transações com ações. Além da taxa de corretagem que sua corretora pode cobrar para a compra e a venda de ações, a B3 cobra taxas por transação, seja ela de compra ou venda.

PARA SABER MAIS:

Veja as taxas cobradas atualmente pela operação de compra ou venda de ações em: <https://www.financaspessoais.net.br/taxas-acoes>.

Declaração anual de Imposto de Renda (IRPF)

É preciso declarar o Imposto de Renda caso você tenha comprado ações. Você pode declarar seu patrimônio acionário no informe anual. Normalmente, esse registro é feito na aba "Bens e Direitos" da aba "Fichas da Declaração" dentro do programa.

Para operações de *day trade*, que é a compra e venda de ações no mesmo dia, a tributação é diferente. É possível cadastrar todos os meses, e esse registro é normalmente feito na seção "Renda Variável" na aba "Operações Comuns/Day-Trade".

VEJA SE ESTÁ ATUALIZADO!

Acesse nosso site e verifique se houve alguma mudança na legislação de tributação de ações: <https://www.financaspessoais.net.br/tributacao-acoes>.

As ações de boas empresas são interessantes para ter uma renda periódica. Muitas delas distribuem bons dividendos e juros sobre capital próprio, de tempos em tempos. A frequência pode ser mensal, trimestral, semestral ou anual, variando de empresa para empresa. É uma boa forma de ter dinheiro sendo depositado na conta, e ainda poder se beneficiar com a valorização das ações.

Meus investimentos pessoais são feitos predominantemente em ações, mas só cheguei até aí depois de passar por praticamente todas as opções da renda fixa de forma prática, entendido, estudado e também depois de ter passado pelos FIIs e FIA.

As vantagens das ações são:

- Potencial de ótima rentabilidade no longo prazo.
- Recebe dividendos periodicamente.
- Não precisa de muito dinheiro para investir.
- Pode comprar ou vender suas ações no momento em que desejar.
- É possível emprestar suas ações e ganhar um rendimento extra.
- Podem pagar bons dividendos, contribuindo no plano de viver de renda.
- Podem tem isenção de IR na venda de até R$20 mil.
- Você contribui para o empreendedorismo e a atividade empresarial.

As desvantagens das ações são:

- Não tem garantia do FGC.
- Existe a possibilidade de perdas, comprando caro e vendendo barato.
- Em caso de falência da empresa, pode-se perder dinheiro.
- Podem ter IR sobre os lucros.

CRIPTOMOEDAS

As criptomoedas foram colocadas aqui pela popularidade e pela relevância que tem conquistado. Pensei um pouco se deveria abordar esse tópico no livro. O motivo é simples: eu não considero as criptomoedas como sendo exatamente um investimento. Querendo ou não, é mais uma operação de câmbio do que uma aplicação em investimentos.

Elas são um meio de troca, utilizando a tecnologia de blockchain e da criptografia, que garante a validade das transações e criação de novas unidades da moeda. Ao contrário do sistema bancário, grande parte das criptomoedas usa um sistema de controle descentralizado. Essa característica fez com que elas criassem uma espécie de sistema paralelo, indo em sentido oposto ao da hegemonia dos governos.

Sendo assim, ela tem como característica a disrupção e uma alternativa real de moeda e instrumento de troca. Por isso, sua valorização tem sido grande, e em momentos de turbulência, ela tem sido muito procurada.

O bitcoin, a criptomoeda mais conhecida, foi criado em 2009. Tem alto risco, com muita volatilidade. Para comprar essas moedas, é preciso abrir uma conta em corretoras que trabalhem com a moeda virtual. Existem também corretoras que trabalham predominantemente com criptomoedas (conhecidas como *exchanges*), trabalhando com outras moedas virtuais. É preciso ter bastante cuidado nessa escolha, por conta da grande oferta de empresas que aplicam golpes financeiros travestidos de investimentos em bitcoins.

Uma outra forma de acessar o mercado de criptomoedas é por meio de ETF. É possível, assim, participar de forma diversificada por meio da própria B3 e em reais negociando no próprio home broker, o mesmo que é usado para comprar ações brasileiras.

Há alguns fundos de investimentos em corretoras de valores que têm como base a aplicação nas moedas virtuais, o que pode ser uma vantagem com menores custos, mais diversificação e maior facilidade de acesso. Além disso, a aplicação inicial costuma ser mais baixa, algo como R$1.000,00.

PARA SABER MAIS:

Acesse nosso site e verifique a tributação aplicada sobre as criptomoedas: <https://www.financaspessoais.net.br/tributacao-criptomoedas>.

As vantagens das criptomoedas são:

- Potencial de grande rentabilidade.

- Diversificação.

As desvantagens das criptomoedas são:

- Não tem garantia do FGC.

- Não paga dividendos.

- Existe a possibilidade de perdas, comprando caro e vendendo barato.

- Há incidência de IR sobre os lucros.

- Ainda falta segurança nas exchanges e contra fraudes.

COE

É uma espécie de renda fixa usando renda variável. É oferecido uma rentabilidade baseado nas ações de empresas. Por exemplo, apostando na alta de todas elas naquele período para que o cliente ganhe.

Exemplo: se as ações da Vale, da Petrobras, da Azul e da Oi subirem no período, você ganha uma rentabilidade fixa naquele período. Caso alguma dessas ações apresente queda no período, você não ganha, mas também não perde nada.

A questão é que a coisa muitas vezes é feita com as chances contra você. No exemplo, Petrobras e Azul são empresas que têm forte influência do preço do petróleo em sua cotação de mercado, tendo uma correlação negativa uma com a outra. Então existem dois cenários:

1. Período de alta do preço do petróleo: as ações da Petrobras tendem a se beneficiar, enquanto a tendência é a de que as ações da Azul se depreciem. Nesse cenário, você perde.

2. Período de baixa do preço do petróleo: as ações da Petrobras tendem a se depreciar, enquanto a tendência é a de que as ações da Azul se valorizem. Nesse cenário, você também perde.

Isso sem falar que na composição pode haver empresas em dificuldades, recuperação judicial e/ou reportando prejuízos frequentes, como a Oi. Além disso, como a composição de um COE pode ter vários ativos, a probabilidade de que, por exemplo, quatro ou cinco ativos apresentem valorização positiva ao longo do tempo vai diminuindo.

Como se não bastasse, as regras de investimento em COEs muitas vezes são subjetivas, lesando os investidores. Muitas vezes, as taxas cobradas pela estruturação e colocação dos COEs não é publicada para eles.

Outro motivo contra os COEs é que normalmente eles duram bastante tempo, algo próximo de três a cinco anos. Caso você precise resgatar antes do tempo, paga uma "multa", que pode ser próxima de 10% do total investido.

É possível que haja alguns períodos de verificação em que esses intervalos de rentabilidade são definidos.

Eu particularmente não gosto de COEs. Eles normalmente são feitos para trazer lucro a quem emite esses títulos, sem pensar muito no investidor. No caso do exemplo, dois ativos são correlacionados negativamente, o que significa que, quando um sobe, o outro normalmente cai. Dessa forma, as chances de você ganhar são bem pequenas.

Muitas vezes é preferível escolher a renda fixa, que tem chances de ganhos reais, ou ir para outras opções de renda variável, investindo com mais qualidade.

As vantagens do COE são:

- Diversificação.
- Proteção do capital total investido.

As desvantagens do COE são:

- Não tem garantia do FGC.
- Não paga dividendos.
- As chances de ganhos são pequenas.
- Incide IR sobre os lucros (vide Tabela 1 do Apêndice 2)

PARA SABER MAIS:

Acesse nosso site e saiba mais sobre outros tipos de investimentos: <https://www.financaspessoais.net.br/outros-tipos-investimentos>.

COMPARATIVOS

Colocamos aqui alguns comparativos entre investimentos com objetivos similares. A ideia aqui não foi comparar coisas que são diferentes, e, sim, mostrar opções que podem te ajudar na escolha da melhor opção para o seu caso e o seu bolso.

Poupança x Tesouro Selic

Via de regra, mantendo as condições de regras constantes, o Tesouro Selic será uma opção melhor que a poupança, não só em termos de rentabilidade, mas também pelo fato de já ter essa quantia em uma corretora, facilitando o investimento em ativos mais rentáveis, caso necessite.

Vamos a um caso da consultoria.

Uma cliente da consultoria tinha um consultório odontológico e mantinha na conta-corrente e na poupança todas as reservas financeiras que tinha. Tanto suas reservas pessoais como as reservas empresariais estavam investidas dessa forma. Isso no início de 2019.

Calculamos a reserva de emergência pessoal, no total de R$24 mil. Ela já tinha uma parte disso na poupança, em torno de R$15 mil. A reserva de emergência empresarial foi calculada em R$48 mil, que ela já tinha em parte na poupança.

Já nas primeiras reuniões, ela abriu uma conta em uma corretora de valores e foi transferindo gradualmente as reservas e fazendo investimentos no Tesouro Selic, depois de nossas conversas.

Além disso, a reserva de emergência empresarial também estava na poupança. Ainda faltavam R$30 mil, e foi definido que ela separaria R$1.000,00 durante 30 meses, já colocando diretamente no Tesouro Selic.

A Taxa Selic naquela época era de 6% ao ano. Então, de acordo com as regras da poupança que citamos, o rendimento da poupança estava em 4,2% ao ano.

No Tesouro Selic, que tem a rentabilidade próxima à Selic, descontamos o IR de 15% sobre o lucro e as taxas semestrais do Tesouro Direto e obtemos uma rentabilidade líquida de aproximadamente 5% ao ano.

Ao fazer o cálculo, na poupança, ela deixaria de ganhar 0,8% ao ano. Ela estava deixando de receber R$264,00 (que seria potencializado com o tempo e com os juros compostos) só por estar na poupança, investimento menos seguro e menos rentável que o Tesouro.

Naquela época, depois de executado todo o plano, ela teve uma rentabilidade acumulada de quase o dobro daquela da poupança.

PARA SABER MAIS:

Faça essa e outras simulações de investimentos em: <https://www.financaspessoais.net.br/comparativo-investimentos>.

Poupança x Conta em banco digital que paga CDI

As contas em bancos digitais caíram no gosto de muita gente. Muito mais simples e prático, sem precisar sair de casa, dá para fazer transferências, investimentos, pagar contas e muitos mais. E o melhor: isso tudo, muitas vezes, de forma gratuita!

Alguns desses bancos oferecem pagamento de rendimento anual de 100% do CDI apenas para manter o dinheiro lá. A vantagem é que, diferente da poupança, você não precisa esperar trinta dias, porque o dinheiro rende todos os dias úteis. Comparando com a poupança, é muito vantajoso!

Caso esse seja um dinheiro de que você precise dentro do mês, ele renderá durante esses dias. Mas fique atento! Pode haver a cobrança de Imposto de Renda. Ele é cobrado somente em caso de retirada ou uso do dinheiro.

LCI x CDB

Para saber qual é mais vantajoso, basta fazer o cálculo a seguir:

- Subtrair de 1 o Imposto de Renda para o prazo.
- Dividir a rentabilidade líquida da LCI pelo resultado da subtração anterior.

Taxa / (1 - IR do período)

Exemplo:

Vamos comparar duas opções de investimentos:

- LCI que rende 95% do CDI.
- CDB que rende 110% do CDI.

Supondo que essa aplicação será resgatada depois de 2 anos, temos a tributação de Imposto de Renda com uma alíquota de 15%.

Vamos usar a fórmula para converter a rentabilidade do LCI.

95 / (1 - 0,15) = 112% do CDI de rentabilidade

Ou seja, nesse exemplo e nesse momento, o investimento no LCI é mais atrativo (112% do CDI) que o CDB (110% do CDI), pois apresenta maior rentabilidade.

O QUE NÃO É INVESTIMENTO

OBJETIVO DO CAPÍTULO:

Desmistificar algumas crenças populares, mostrando armadilhas e características daquilo que não é investimento.

Muitas das opções que apresentaremos trazem benefícios como conforto, economia de tempo, status ou até mesmo integração social. O objetivo aqui é mostrar apenas o lado financeiro de cada uma das opções, deixando claro que há perda patrimonial ao longo do tempo mantendo esses tipos de "investimentos".

Além de saber quais são as melhores opções de investimentos, é importante saber o que não é considerado um investimento, que tirará dinheiro do seu bolso ao longo do tempo ou fará com que seu patrimônio financeiro não cresça como poderia. Deixando de fazer ou fazendo menos aquilo que não é investimento, já se tem uma boa segurança para não cometer erros, alinhando as expectativas. E o mais importante: existem várias opções de investimentos que você pode escolher além dessas que te trarão mais rentabilidade e independência financeira, que vimos no Capítulo 8.

TÍTULO DE CAPITALIZAÇÃO

O título de capitalização é um título de crédito. Teoricamente, ele tem como finalidade guardar dinheiro, com a participação em sorteios com prêmios, chamando a atenção das pessoas e trazendo aquela ideia de aposta.

O órgão regulador dos títulos de capitalização é o SUSEP (Superintendência de Seguros Privados). Isso mesmo, seguros! A regulação não é feita pelo Bacen ou pela CVM, como em um investimento de verdade. Apesar disso, é comercializado por agências bancárias aos correntistas como se fosse um!

É uma "poupança forçada" na qual você perde para a inflação, além de poder perder parte da quantia investida se resgatar antes do vencimento. E o pior: rende menos que a poupança. Dependerá das regras de cada produto, que normalmente são boas para as instituições bancárias e ruins para você.

Pode até haver aquela justificativa para algumas pessoas, do tipo: "Ah, é uma coisa que me força a poupar, sem isso eu não conseguiria." A verdade é que, se alguém precisa de algo que force a poupar, isso já é algo que precisa ser revisto. A motivação para isso deve vir de dentro, ser própria e vinculada à realização de um ou mais sonhos e, se possível, ao propósito de vida, para ser bem forte.

Como se não bastasse, existe um prazo de carência, que é o tempo mínimo pelo qual o comprador precisa deixar o dinheiro aplicado, que normalmente é bem extenso. Caso se queira resgatar o dinheiro antes do prazo, normalmente é aplicada uma multa de cerca de 10% do capital total.

Apesar de serem vendidos em bancos, não há regulação do Bacen.

CONSÓRCIO

Um consórcio é um grupo de pessoas interessadas em comprar um bem de mais alto valor, como um imóvel ou um veículo, não tendo pressa para ter esse bem em mãos. É administrado por uma empresa, responsável pelo funcionamento do consórcio e que cobra uma taxa de administração para isso.

O QUE NÃO É INVESTIMENTO **163**

Isso permite que um ou mais consorciados sejam contemplados por sorteio, todos os meses, o que já é uma característica que se afasta dos investimentos.

No consórcio, você paga mensalidades e pode comprar um bem depois de um tempo. A questão é que ele não rende juros! Pode até servir como uma "poupança forçada", mas o montante da soma das parcelas pagas é normalmente menor que o total que você resgata no final. O consórcio não é um investimento porque você paga por sua compra mais do que ela vale, incluindo uma boa taxa de administração.

Pode surgir a pergunta: o que é melhor, consórcio ou um financiamento? E a resposta é: na maioria dos casos, nenhum dos dois. Financiar ou fazer um consórcio tem mais a ver com a forma de pagamento do bem do que com um investimento, em que você aplica o seu dinheiro e ganha com a operação. A pergunta deve ser: o que é melhor, comprar à vista com desconto agora ou investir de verdade e esperar para comprar em melhores condições?

Há casos em que existem vantagens, sim, em financiar ou em fazer um consórcio, mas são casos tão raros, que exigem um bom conhecimento financeiro, percepção de mercado e um maior esforço, que nem vem ao caso.

LOTERIA

Você provavelmente sabe qual é a probabilidade de ganhar na loteria: 1 em 50.063.860.

É mais fácil um raio cair na minha cabeça! As chances para isso são de 1 em 1,5 milhão.

Mesmo sabendo disso, por que as pessoas ainda gastam dinheiro em apostas todos os meses? Não seria mais fácil aprender a poupar e investir de verdade?

A fé que as pessoas têm de que um dia ganharão o prêmio é de se admirar. Muitas delas investem tempo e dinheiro durante anos em vários tipos de jogos, planejando o que farão com o dinheiro que supostamente receberão, como se fosse um investimento de longo prazo. E negligenciam a vida real, em que poderiam ter planejando suas finanças se investissem de verdade.

Um dos princípios do sucesso em investimentos é fazer aplicações quando existe uma margem de segurança favorável. E na loteria, isso é impossível de acontecer, já que a probabilidade literalmente joga contra você. Mesmo que o "investimento" seja pequeno, a perda é certa, e esse gasto de tempo, dinheiro e esforço ao longo dos meses e anos acaba sendo significativo.

CARRO PARTICULAR

Talvez esse seja o mais fácil de identificar. Um dos grandes sonhos do brasileiro, o carro é divulgado pela mídia e por vendedores como um investimento. Mas se ele é usado apenas como passeio e transporte, dificilmente te trará alguma receita, apenas despesas (e muitas).

Nem é preciso falar muita coisa, pois sabemos das despesas de manter um carro: combustível, multas, desvalorização se comprado novo em concessionárias (em média 15%), depreciação todo ano, impostos (IPVA, taxa de licenciamento, emplacamento, seguro obrigatório), multas, seguros, manutenção, lavagem e possíveis acidentes. Um verdadeiro péssimo negócio, financeiramente falando.

CASA PRÓPRIA

Sei que esse item é polêmico, mas vamos lá! Muita gente tem o sonho de ter a casa própria, um lar, que seja confortável, aconchegante, espaçoso e tenha opções de lazer e área verde. E claro que tudo isso é muito bom, especialmente se você tem filhos. Em termos de bem-estar familiar, é um ótimo negócio!

O bilionário brasileiro Luis Barsi disse uma vez que o brasileiro deveria comprar uma casa quando tivesse dinheiro para comprar dez. Uma declaração forte, bem fora do padrão e da média. Não é à toa que ele também conseguiu um patrimônio acima da média! E faz (pelo menos um pouco de) sentido. A casa própria é ótima: é o nosso lar, nos traz conforto, aconchego e é o lugar onde descansamos e convivemos com a família. Mas financeiramente falando, ela não é um investimento financeiro.

A questão é que, em termos financeiros, a casa própria é um imóvel que não traz renda. É um dinheiro que está imobilizado, que não se vende se você mora nela nem se aluga enquanto você estiver nela (exceto se você aluga um quarto no Airbnb, por exemplo). Além disso, é dispendiosa, tendo despesas, como a manutenção de jardins.

Há pessoas que optam por viver em um local menor, principalmente se a família é reduzida. Antigamente as famílias eram maiores e fazia mais sentido uma casa grande e com vários quartos. Hoje em dia, a realidade mudou, mas a mentalidade da maioria das pessoas ainda permanece.

PIRÂMIDES FINANCEIRAS

Quando te prometerem um rendimento acima de 2% fixo e garantido ao mês, desconfie. Você pode estar diante de mais um golpe travestido de investimento. Um dos últimos jeitos "criativos" de enganar as pessoas foi com investimentos supostamente feitos em bitcoin, prometendo ganhos mensais fixos de até 20% ao mês!

Chega a ser ilógico. Mas, infelizmente, em 2019, muita gente acreditou nisso, e tínhamos mais "investidores" em pirâmides financeiras desse tipo do que na Bolsa de Valores. A ganância de muitos acabou falando mais alto, e algumas pessoas chegaram a perder todas as economias que tinham feito ao longo da vida! Realmente, algo muito triste.

Além de não ser investimento, é crime! Esse tipo de prática é considerada crime contra o sistema financeiro e deve ser denunciada para as autoridades competentes, como a CVM.

PASSO A PASSO PARA SE TORNAR UM INVESTIDOR

OBJETIVO DO CAPÍTULO:

Entender o que fazer para começar a investir na prática, mostrando o processo com exemplos reais e abrindo espaço para aplicar a solução em seu caso.

Chegamos no passo a passo para começar a investir, o método **INVISTA**, testado e aprovado, com resultados reais para mim e na vida de dezenas de brasileiros. Antes de mostrar o que fazer para colocá-lo em prática, quero dizer que esse método não funcionará se você não vencer o medo de começar e ter iniciativa.

Antes de mostrar os primeiros passos para fazer investimentos, é preciso deixar claro algumas coisas. Pode parecer aquele velho papo de autoajuda barata e de frases motivacionais, mas vai muito além disso. E falo exatamente isso para os clientes da consultoria. Sabe por quê? Porque funciona de verdade.

De nada adianta ver pessoas ao seu redor se dando bem com investimentos, acompanhar no jornal e na televisão o resultado do dia da Bolsa de Valores, se interessar pelo assunto e até conhecer as vantagens de determinados investimentos se não houver uma mudança de postura, na sua forma de pensar e de atitudes. E isso tem a ver não só com o conhecimento, mas com o interesse verdadeiro (que é diferente de apenas uma vontade), saber o que se quer e aonde quer chegar, ter foco quando as dificuldades surgirem e trabalhar para manter a iniciativa.

O primeiro passo é reconhecer que dá para usar melhor os próprios recursos e alocá-los de uma forma mais rentável. Assumir de verdade que é preciso ter mais interesse e estudo sobre o assunto, deixando de aceitar as sugestões do gerente do banco sem uma boa avaliação crítica ou a dica quente daquele conhecido que tem promessas de dinheiro rápido. Se você já caiu em algum golpe com promessas desse tipo, saiba que isso não tem relação nenhuma com o que abordamos neste livro. Estamos falando aqui sobre formas dentro da lei e que funcionam, e não sobre atividades criminosas. É preciso ter a consciência disso e dessa grande diferença existente.

É preciso entender que multiplicar seu dinheiro com investimentos financeiros exigirá que você tenha um mínimo de dedicação. O cenário econômico muda, e, com isso, investimentos que hoje podem ser atrativos passam a ser menos atrativos em outros cenários. Assim, opções que eram esquecidas passam a ser boas oportunidades a serem aproveitadas, e é por isso que é preciso estudar sempre e fazer análise de seu próprio portfólio de investimentos com frequência.

Exercitar a visão de longo prazo e identificar e aproveitar tendências é outra característica que um bom investidor preserva. É preciso desenvolver essa característica, deixando de pensar apenas no curto prazo e separando tempo para observar o que está acontecendo, os rumos da economia, os setores mais promissores e, especialmente, as empresas que têm boas possibilidades, trazendo rentabilidade aos acionistas. E que também os erros farão parte dessa jornada do enriquecimento. Aprendi que, se hoje tenho sucesso naquilo que me propus a fazer, é graças a experiências que tive, boas e ruins, e que me fizeram aprender muito. Os investimentos que fiz para o meu pai no passado me fizeram mudar a outro patamar, que me exigiu uma mudança pessoal real. Uma boa oportunidade de aprendizado muitas vezes aparece na forma de um problema. Talvez essa oportunidade esteja surgindo agora para você! Então, não deixe essa chance passar.

O MÉTODO INVISTA SÓ FUNCIONARÁ SE VOCÊ
MUDAR O SEU *MINDSET*

O método **INVISTA** (**I**dealize, **N**ova conta em corretora, **V**á fazer a reserva de emergência, **I**dentifique-se com um título público, **S**aia para outras opções na renda fixa, **T**este a renda variável e **A**ções: estude!) te dará um passo a passo para começar a investir na prática. Vamos a ele.

PASSO 1. IDEALIZE UM PLANO FINANCEIRO PARA SUA VIDA

Antes de tudo, é preciso idealizar de forma bem clara aquilo que você quer para os próximos anos. Buscar pensar grande e de forma diferente e maior pode fazer toda a diferença. Então, é preciso estar com a mente aberta e ter objetivos de curto, médio e, principalmente, de longo prazo para atingir seus objetivos e realizar seus sonhos.

O conteúdo dos capítulos anteriores foi escrito de forma prática, para formatar uma nova forma de pensar, que você deve ter para alcançar uma vida mais próspera. Sugiro que você viva esse conteúdo e releia essas práticas para transformar o texto em pensamentos e, com o tempo, em hábitos. Use este livro como um manual, e não como um jornal.

Uma das principais mudanças você provavelmente já fez, que é deixar de antecipar sonhos com dívidas (fazendo financiamentos e empréstimos). Em vez disso, o ideal é começar a planejar sonhos. Isso vale para a compra de uma casa, carros e também de eletrônicos, móveis e até para as compras do dia a dia, evitando o consumo caro fora de hora. E planejar sonhos com investimentos além de prazeroso é mais próspero.

Ter objetivos de vida claros, traduzidos em quantias e com datas para realização te trará uma nova relação com o dinheiro, fazendo com que ele te trate muito melhor. É a tradução dos sonhos em um plano de ação.

Isso é fundamental para antes de começar a investir. Muitas pessoas me procuram querendo começar a investir, mas cultivam dívidas e hábitos de vida que precisam ser mudados antes. Para casos como esses, escrevi todo este conteúdo anterior e o livro *Como acabar com as dívidas e ter uma vida feliz,* que traz orientações mais detalhadas sobre como mudar essa realidade.

Vamos a um exemplo de como pensar diferente. Suponha que um de seus sonhos seja o bem-estar de seu filho, garantindo o custeio futuro da faculdade quando ele nascer. De uma forma simples, temos:

- **Sonho:** Bem-estar futuro do filho.

- **Objetivo**: Custear a faculdade de um filho.

- **Meta**:

  i. Tempo guardando dinheiro: 20 anos.

  ii. Quantia poupada por mês: R$400,00.

  iii. Quantia total acumulada: R$96 mil.

A partir do momento que um casal planeja ter um filho, guardando cerca de R$400,00 por mês, a faculdade dele estará garantida com planejamento. Se considerarmos essa quantia investida todos os meses, rendendo juros de 6% ao ano, a quantia total acumulada passa a ser de R$184.816,36, sendo possível para pagar quase duas faculdades com inteligência financeira!

Sem planejamento e sem inteligência financeira, se você fosse buscar resolver a situação só quando seu filho completasse a idade para cursar a faculdade, pegando dinheiro emprestado com uma dívida de um financiamento estudantil, você teria de pagar aproximadamente o dobro, ou seja, quase dois cursos superiores para ele, assumindo um golpe duro em seu orçamento por muitos anos.

É necessário idealizar esse plano financeiro para sua vida, tomando atitudes diferentes e planejadas de forma prática. Começando a executar o método a partir do passo 2 em diante, você pode até conseguir começar a investir, só que provavelmente isso não se tornará um hábito, e na falta do plano financeiro, não haverá muita motivação para continuar.

Com planejamento, clareza e paciência se conquista mais dinheiro ao longo do tempo. O imediatismo financeiro na maioria das vezes não leva a um bom caminho, levando as pessoas a tomar empréstimos caros, investir mal ou com desinteresse, em vez de conquistar seu próprio dinheiro, realizando sonhos de forma muito mais barata, livre, independente e próspera.

> "Um pessoa só está sentada sob uma sombra hoje porque outra plantou uma árvore há muito tempo."
>
> **Warren Buffett**

FAÇA VOCÊ MESMO
Traduza um sonho seu em objetivo e meta, com tempo e quantia.

Sonho: _____
Objetivo: _____
Meta: _____
i. Tempo guardando dinheiro: _____ anos
ii. Quantia poupada por mês: R$_____
iii. Quantia total acumulada: R$_____

PASSO 2. NOVA CONTA EM UMA CORRETORA DE VALORES

Ter uma conta em uma corretora de valores normalmente traz mais vantagens do que investir pela plataforma do banco tradicional. Além de pagar menos taxas para fazer os mesmos investimentos, você tem uma lista de opções maior, com vários tipos de investimentos para escolher.

Você pode fazer isso sem sair de casa, abrindo uma conta em uma corretora de valores pela própria internet. Além disso, algumas corretoras oferecem a opção de banco digital, em que você ainda pode usar os serviços bancários mais tradicionais, como transferências e pagamentos, e, muitas vezes, de forma gratuita.

Basta preencher seus dados no próprio site da corretora, e em pouco tempo você terá o cadastro efetivado. Na plataforma da corretora de valores, você terá muito mais opções de investimentos e geralmente a um custo menor do que nos bancos tradicionais.

E o melhor: algumas corretoras fazem isso tudo pelo próprio app. Basta baixar, instalar e preencher os dados, e você já pode começar a investir com mais qualidade e, muitas vezes, de forma gratuita.

Muitas das pessoas que atendi na consultoria tinham dúvidas sobre qual a melhor corretora na qual abrir conta. Respondo a essa dúvida no "Para saber mais"

PARA SABER MAIS:

Separei aqui uma lista de corretoras que prestam um bom serviço e que têm taxas zero ou reduzidas, para te ajudar na escolha: <https://www.financaspessoais.net.br/corretora>.

Observe se sua corretora oferece os seguintes serviços:

- **Taxa zero para abertura de conta.**
- **Taxa zero para custódia (manutenção de conta).**

- **Taxa zero para investimento em Tesouro Direto.**

- **Corretagem com preço baixo ou zero.**

- **Opções de investimentos em debêntures incentivadas.**

- **Opções de investimentos em ouro.**

- **Bom *Home Broker* com gráficos.**

- **Bom atendimento por e-mail ou chat online.**

- **Conta vinculada a um banco digital.**

Para obter esses dados, você deve acessar o site da corretora, e caso não consiga encontrar todos os dados, pode ligar ou acessar o chat online. Normalmente esses dados estão na aba chamada "Preço" ou "Custo", por exemplo.

Outra dúvida que surgia com frequência na consultoria era a referente a se investir por meio de corretoras de valores é algo seguro. Existe um certo receio inicial em transferir dinheiro para uma conta de uma instituição que não se conhece direito, encontrada na internet e feito pela primeira vez.

PARA SABER MAIS:

Veja aqui a lista de corretoras credenciadas para atuar no mercado: <https://www.tesourodireto.com.br/conheca/bancos-e-corretoras.htm>.

Quando você compra um título público por meio de sua corretora, ela atua como um corretor de imóveis quando você compra o imóvel: é apenas um intermediário! Seus títulos ficarão no Tesouro Nacional, e se sua corretora quebrar, assim como se o corretor de imóveis quebrar, você continuará com seu imóvel ou seus títulos.

O mesmo acontece com ações. A corretora apenas te dá o mecanismo para comprar e vender ações, e quem realmente administra isso é a B3, a bolsa. Então, não se preocupe com essa segurança das corretoras; elas apenas intermedeiam a compra dos seus investimentos!

Existem alguns bancos, especialmente os digitais, que disponibilizam plataformas aceitáveis para investimentos. Apesar de, muitas vezes, não serem tão completas como uma corretora de valores, em alguns casos de bancos digitais, até mesmo a corretagem para compra e venda de ações é gratuita.

Se você está começando e ainda não tem uma conta em corretora, verifique em sua instituição bancária se ela tem isenção de tarifas de custódia, para tesouro, fundos imobiliários e ações. Se for o caso, vale a pena começar por ela. Mas lembre-se de que geralmente as corretoras de valores oferecem mais opções, e quase sempre a um custo menor.

A melhor maneira de ter acesso a diferentes opções de investimentos ainda é por meio das corretoras de valores independentes. Lá você pode ter, por exemplo, CDBs de vários bancos, que nem sempre estão disponíveis na plataforma das instituições bancárias, por motivos de concorrência e sem precisar abrir conta nesses bancos. Isso faz com que você concentre suas movimentações em uma só conta, economizando tempo, pagando menos taxas, gastando menos.

SE VOCÊ TEM RECEIO, REVEJA ISSO. DEIXAR ESSE MEDO TE PARALISAR FARÁ VOCÊ DEIXAR DE MULTIPLICAR SEU PATRIMÔNIO.

PASSO 3. VÁ FAZER SUA RESERVA DE EMERGÊNCIA

Os investimentos mais populares estão na renda fixa. Dependendo do momento da economia, a renda fixa pode estar muito bem ou não tão bem. Mesmo assim, para começar, ela é uma boa opção para entender como os investimentos financeiros funcionam. Pelo fato de ser mais simples de entender e mais segura, ela é escolhida pela maioria das pessoas.

E para formar a reserva de emergência, não é diferente, e nem poderia ser. Ela deve ser formada em um investimento que possa ser resgatado a qualquer momento, ou seja, em uma real emergência.

Como dissemos neste livro, a reserva de emergência corresponde a algo entre seis e doze meses de seu custo de vida mensal, e é necessariamente feita na renda fixa, com conta da pouca volatilidade.

Eu tenho minha reserva de emergência no Tesouro Selic, que é uma forma mais tradicional de fazer esse reserva. Mas é possível formar sua reserva de emergência também usando as contas digitais que pagam 100% do CDI. Muitos bancos digitais oferecem essa facilidade com rendimento de seu dinheiro só de você deixá-lo na conta-corrente.

Outras opções podem ser um CDB, um fundo DI ou LCI/LCA de liquidez diária. É importante verificar a rentabilidade líquida, já que nesses casos pode haver cobrança de impostos, e a rentabilidade é negociável, podendo ser baixa.

A poupança também é uma opção, apesar de geralmente não ser recomendada, devido à baixa rentabilidade, comparada a outras opções mais rentáveis e até mesmo mais seguras.

PARA SABER MAIS:

Veja aqui a lista de instituições com conta remunerada e a rentabilidade oferecida: <https://www.financaspessoais.net.br/lista-bancos-pagam-100-cdi>.

Nesse momento, caso sua corretora não ofereça a opção de banco digital sem taxas, você pode transferir os recursos de sua conta bancária para a corretora de valores. Como informei, na corretora de valores, temos opções melhores de investimentos do que nos bancos tradicionais.

> ## PARA SABER MAIS:
>
> Veja aqui como fazer na prática sua reserva de emergência no Tesouro Selic:: <https://www.financaspessoais.net.br/reserva-emergencia-tesouro-selic>.

FAÇA VOCÊ MESMO

Agora monte você mesmo sua reserva de emergência!

- Gasto mensal médio: R$_____ por mês
- Reserva de emergência (_____ meses):
  _____ × _____ = R$ _____

PASSO 4. IDENTIFIQUE-SE MELHOR NA RENDA FIXA

Depois de ter formado sua reserva de emergência, é hora de diversificar os investimentos. O ideal é que se pense mais no longo prazo. O motivo é simples: os investimentos de longo prazo trarão as melhores rentabilidades e oportunidades de multiplicação de patrimônio, já que os juros compostos trabalharão durante todos os meses a seu favor.

Uma boa opção é escolher como próximo passo algum investimento de mais longo prazo dentro da renda fixa. Caso sua opção no passo anterior tenha sido a de colocar sua reserva de emergência no Tesouro Selic, fica fácil pensar em longo prazo com Títulos Públicos longos, como o Tesouro IPCA.

Para conhecer mais, existem opções de todos os prazos nesses Títulos Públicos. Lembre-se: ele precisa casar com seus objetivos:

- Curto prazo: Tesouro Selic. Exemplo: Reserva de emergência.

- Médio prazo: Tesouro Prefixado. Exemplo: Nascimento de um filho.

- Longo prazo (acima de dez anos): títulos Tesouro IPCA+. Exemplo: Renda passiva complementar à aposentadoria.

Prefira os títulos de mais longo prazo, já que os juros compostos farão você ganhar mais ao longo do tempo. Evite os títulos com juros semestrais, que depositam os juros em sua conta de seis em seis meses.

PASSO 5. SAIA PARA OUTRAS OPÇÕES NA RENDA FIXA

Depois de tudo isso, ainda dá para conhecer mais outras opções na renda fixa.

Caso você tenha algum objetivo de médio prazo, o Tesouro Prefixado é uma boa opção. Fica fácil fazer esse investimento se você já passou pelos passos anteriores.

Uma opção para compor um portfólio pensando em médio prazo também são as debêntures. Com as debêntures emitidas por empresas, você tem a oportunidade de fazer investimentos de médio/longo prazo ajudando empresas a colocar os projetos em execução.

Entre em contato com sua corretora e veja a lista de opções das debêntures incentivadas disponíveis. Algumas coisas são importantes para ser observadas:

- Nível de rating do emissor. Ex: BBB-.
- Endividamento.
- Taxa de juros paga ao investidor.
- Se cobra IR ou se é isento.

Para mostrar na prática, darei o exemplo dessa composição de médio prazo para o meu caso.

Na metade do ano de 2017, comecei a comprar debêntures da empresa Cemig, uma companhia de energia elétrica de Minas Gerais. Naquela época, o país estava vivendo uma crise econômica, e esses títulos estavam bastante atrativos. A taxa Selic estava próxima de 10% ao ano. As características em detalhes estão mostradas a seguir.

Debênture 1

- Emissor: CMDT23 — Cemig
- Taxa pactuada: 10% ao ano
- Indexador: IPCA
- Data de compra: 1°/8/2017
- Data de vencimento: 15/2/2021

Debênture 2

- Emissor: CMTR33 — Cemig Ger. E Trans.
- Taxa pactuada: 10,1%
- Indexador: IPCA
- Data de compra: 5/7/2017
- Data de vencimento: 15/2/2022

A rentabilidade da debênture CMTR33, por exemplo, tem uma parte fixa e outra variável. É de 10% + IPCA ao ano. Naquela época, em 2017, a inflação registrada foi de 2,95% ao ano. Então, no ano, minha rentabilidade bruta foi de 10,1 + 2,95 = 13,05%.

Foi uma boa oportunidade. Nos anos que se seguiram, a Taxa Selic foi caindo, e os juros da renda fixa foram juntos, em média reduzidos para a metade, comparando os dois patamares. Como você viu, o vencimento estava para 2022. Isso quer dizer que meus recebimentos foram "travados" em uma rentabilidade pelo menos duas vezes maior que a média a partir de 2020.

Algumas empresas podem pagar uma boa rentabilidade de juros para quem tem as debêntures. É possível escolher empresas mais sólidas e com melhores condições financeiras. Existe uma classificação de rating feita por agências de classificação de risco que pode ajudar na hora da escolha desses títulos de dívidas. Verifique a lista de debêntures ofertadas pela sua corretora.

O risco nas debêntures é um pouco maior que nos Títulos Públicos ou nos CDBs. Investindo nelas, não existe a proteção do FGC. Caso a empresa entre em falência, você pode sair perdendo. Então, a escolha precisa ser feita com cuidado e diversificação e analisando a relação risco/retorno.

PASSO 6. TESTE A RENDA VARIÁVEL

Sempre devemos testar a profundidade de um rio com um pé, e não pulando de cabeça. Da mesma forma acontece na renda variável. Dar um passo em direção à renda variável com um ETF é uma boa escolha. Isso porque os ETFs costumam ter menor custo e têm a característica de aliar a diversificação com pouco dinheiro investido, trazendo uma maior praticidade, ficando na média da rentabilidade do mercado.

Com um ETF, é como se você tivesse um pacote único com várias empresas dentro, sem precisar comprar uma a uma. Você começará a ter acesso a uma infinidade de opções de investimentos dando esse primeiro passo, entendendo como a renda variável pode gerar frutos por meio dos lucros das empresas e fomentando o empreendedorismo.

Para começar nos ETFs, com o dinheiro na corretora, basta acessar o home broker da sua corretora de valores e inserir o código do ETF. Verifique se a quantidade e o preço que você colocou na plataforma correspondem à quantia de dinheiro que você tem disponível como saldo na conta.

Cada cota de um ETF normalmente é negociada por aproximadamente R$100,00, e a partir dessa quantia, você já pode ser sócio de várias empresas brasileiras e até dos EUA, dependendo do ETF que escolher.

A renda variável é ideal para o longo prazo e para a formação de patrimônio, vivendo de renda.

PARA SABER MAIS:

Veja aqui um vídeo que ensina na prática como comprar cotas de um ETF na bolsa de valores: <https://www.financaspessoais.net.br/como-comprar-etf-na-pratica>.

PASSO 7. AÇÕES: ESTUDE

O mercado de ações é muito atrativo. Você com certeza já ouviu alguém falar que já conseguiu ganhar muito dinheiro em pouco tempo comprando e vendendo ações na Bolsa de Valores. Talvez os ganhos tenham sido tirados já no mesmo dia.

Isso realmente pode acontecer. E assim como existem pessoas que conseguiram fazer isso, existem pessoas que perderam nas mesmas proporções, ou até mais, especulando como se isso fosse um jogo.

É importante que você comece sem essa ganância que contamina muitas pessoas que entram nesse mercado. Eu sei que é tentador, mas é que é uma questão de sobrevivência! Falo isso também por experiência própria.

As histórias que você já ouviu de algumas pessoas que já perderam tudo na Bolsa de Valores incluíram também operações com alavancagem, usando a conta margem e derivativos, instrumentos muito perigosos para quem não é especialista no assunto.

A estratégia que se mostrou mais vencedora no longo prazo foi a de escolher ações de boas empresas e permanecer com elas durante anos. O ideal é comprar essas ações com uma margem de segurança, que é quando o preço desse ativo está abaixo do valor, aguardando o tempo passar e os lucros empresariais aumentarem.

E para saber fazer essas boas escolhas, é preciso sempre estudar. Aprender a analisar um balanço empresarial, seus indicadores, descobrir se o preço de uma ação está caro ou barato, conhecer o negócio da empresa e ler muito, principalmente bons livros.

É por isso que eu gosto de, antes de comprar ações diretamente, começar com os ETFs. Eles replicam um índice, sendo uma média dos principais ativos da Bolsa de Valores. Com pouco dinheiro, algo como R$100,00, você já pode ter acesso a esse investimento.

Lembre-se, o dinheiro de investimentos em renda variável segue a seguinte lógica: sempre invista o dinheiro da "pinga", e nunca o dinheiro do "leite". Ou seja, sempre invista em renda variável começando com aquele dinheiro de que você não precisará para pagar as contas do mês, ou em uma situação inesperada ou no final do ano.

Por que isso? Porque a renda variável varia. Pode parecer redundante, mas se você compra uma determinada ação a R$10,00 cada e daqui 2 meses você precisa do dinheiro e a empresa está cotada a R$7,00, vai ser obrigado a vendê-la e assumir a desvalorização.

Agora, caso tenha comprado ações de empresas de valor a um preço bom, você pode ter grandes lucros se souber esperar o tempo passar e as ações se valorizarem. Além disso, poderá receber dividendos ao longo desse tempo.

Eu sei que ficou um gosto de quero mais! Você já deu seis importantes passos rumo à construção de sua independência financeira. Guarde esse desejo de comprar ações de uma empresa diretamente para depois que você souber analisar os fundamentos dela.

O foco deste livro foi mostrar a você as opções de investimentos e estimular você a começar a investir com segurança e conhecimento. Como o tema de ações é um pouco mais complexo, é necessário um livro inteiro para abordar esse tema com a profundidade que ele necessita e merece. Tenho um livro que fala apenas sobre como escolher as melhores ações para que você possa tomar a decisão mais acertada para compor sua carteira de renda variável.

PARA SABER MAIS:

Veja mais um vídeo de como comprar ações, desta vez usando um aplicativo para celular de um banco digital: <https://www.youtube.com/watch?v=p3XT9eyiaTQ>.

COMO DIVERSIFICAR INVESTIMENTOS MONTANDO UMA CARTEIRA

11

OBJETIVO DO CAPÍTULO:

Saber o que fazer para distribuir os recursos em cada investimento, proporcionalmente aos objetivos práticos.

Agora que você já sabe o que fazer, conhece as opções disponíveis para investir seu dinheiro de acordo com cada objetivo que tem e já começou na prática a investir, pode surgir uma pergunta: qual a melhor forma de distribuir meus recursos na renda fixa e na renda variável?

Aqui apresentaremos alguns modelos, que têm por base a idade, o momento financeiro e o perfil de um investidor. Esses modelos podem ser usados e adaptados para a maioria dos casos.

As sugestões de carteira foram feitas começando-se praticamente do zero, com R$1.000,00. Foi considerada a reserva de emergência na formação da carteira como primeira meta. Ajustes são necessários para cada perfil de tamanho de reserva de emergência, e dependendo de cada investidor e de seus objetivos. O objetivo principal das carteiras é chegar na última formação, atingindo o primeiro milhão.

Todos esses gráficos e carteiras são os modos como eu montaria uma carteira de investimentos de acordo com cada quantia já alcançada. Isso não é uma recomendação de investimentos e também não é a única maneira de montar uma carteira ou o único modo correto de ser feito.

O objetivo é mostrar na prática como fazer isso, inspirando você a montar a sua, de acordo com seu (novo) jeito de cuidar de seu dinheiro e de seus investimentos. É necessário monitorar sua carteira com frequência, mesmo que ela ainda esteja mais longe de seu primeiro milhão. É sempre bom lembrar que, para chegar ao objetivo final, deve-se ter foco no longo prazo, paciência e entender que a coisa não acontece da noite para o dia, podendo levar anos, dependendo do cenário econômico no período e de sua renda mensal, que é fundamental.

Eu teria essas carteiras montadas considerando um cenário mais estável da economia, no qual o país não estivesse passando por grandes crises ou não houvesse um grande pessimismo ou otimismo com o crescimento econômico no mercado.

No caso de um cenário de grande euforia no mercado, eu começaria a desequilibrar a carteira para o lado da renda fixa. Caso o mercado já estivesse há um tempo batendo recordes e sendo notícia de jornal com grande frequência, eu aumentaria mais minhas reservas de curto prazo e diminuiria a cada mês algumas posições em ações que já tivessem sido multiplicadas.

No caso de uma crise, eu começaria a desequilibrar a carteira para o lado da renda variável, especialmente ações. Caso o mercado já tivesse iniciado a piora, começaria a comprar Títulos Públicos mais longos, para garantir taxas mais atrativas em longo prazo. Diminuiria um pouco minhas reservas de curto prazo, esperando um pouco e garimpando oportunidades de ações mais baratas.

Então, vamos lá!

CARTEIRA COM R$1.000,00

A carteira com R$1.000,00 é simples e conservadora. É composta apenas de Títulos Públicos, que trazem segurança, e faz parte do início da formação da reserva de emergência.

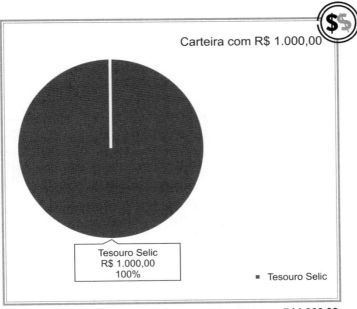

Figura 12 — Como eu investiria com R$1.000,00.

É possível trocar o Tesouro Selic pelas contas que pagam 100% do CDI, um fundo DI com baixos custos, ou mesmo um LCI ou LCA com liquidez diária, também em todas as opções de carteira subsequentes.

Com R$5 mil, eu faria o mesmo, colocando tudo no Tesouro, já que a prioridade de quem fica livre das dívidas deve ser formar a reserva de emergência.

Essa carteira é útil para quem está dando os primeiros passos e entendendo sobre investimentos. E a vantagem de se começar com Tesouro Selic é o conhecimento prático adquirido na compra de Títulos Públicos.

O objetivo principal é formar uma reserva para imprevistos, para evitar cair (ou voltar) no endividamento.

CARTEIRA COM R$10 MIL

A carteira com R$10 mil também é simples e conservadora, e também é composta com mais Tesouro Selic, já que com essa quantia ainda é necessária a formação da reserva de emergência para a maioria das pessoas. Além disso, a carteira tem uma pequena parte em longo prazo, para que já comece a diversificação, indexação a outro índice (IPCA) e o entendimento de outras opções do Tesouro Direto.

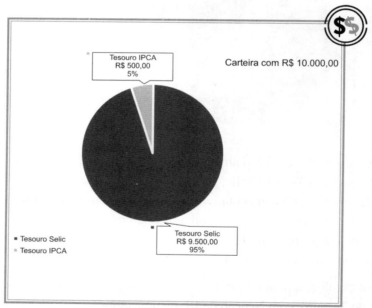

Figura 13 — Como eu investiria com R$10 mil.

Essa carteira é útil para quem deu o primeiro passo no mundo dos investimentos e busca mais. O objetivo principal ainda é formar uma reserva para imprevistos, para evitar cair no endividamento. Um objetivo paralelo é conhecer mais as opções dos Títulos Públicos, estimulando a pensar mais os investimentos em longo prazo, como a aposentadoria.

CARTEIRA COM R$25 MIL

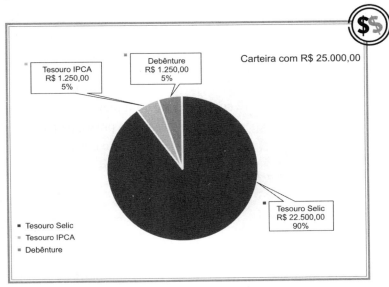

Figura 14 — Como eu investiria com R$25 mil.

A carteira de R$25 mil ainda é simples e conservadora. Também é composta com mais Tesouro Selic, já que certamente ainda é uma fase de formação da reserva de emergência, visto que ainda é uma quantia insatisfatória para garantir o custo de vida de uma pessoa por no máximo doze meses. A novidade é que foi incluída uma debênture, para ajustar ao plano de médio prazo, aumentando um pouco a diversificação.

Eu escolheria uma debênture incentivada que pague juros acima dos títulos do Tesouro, com isenção de IR, de uma empresa que tenha o endividamento controlado.

Essa carteira é útil para quem está começando a se familiarizar com a renda fixa, experimentando outras opções. O objetivo principal ainda é formar uma reserva de emergência, evitando que imprevistos causem um estrago nas finanças pessoais. Um objetivo paralelo é conhecer mais as opções que existem na renda fixa.

CARTEIRA COM R$50 MIL

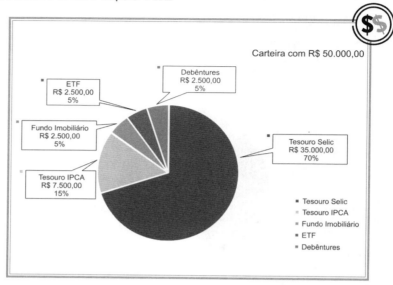

Figura 15 — Como eu investiria com R$50 mil.

A carteira de R$50 mil já não é das mais tradicionais. Apesar de percentualmente o Tesouro Selic ter diminuído, se comparado com a carteira anterior, houve um aumento da reserva de emergência (que foi para R$35 mil). Essa quantia ainda é insatisfatória para garantir o custo de vida de muitos brasileiros por no mínimo doze meses caso haja real necessidade.

A novidade é que foi incluído um ETF e um fundo imobiliário, para iniciar na renda variável, aumentando a diversificação.

Eu escolheria um ETF tradicional que replicasse o Índice Bovespa. E escolheria um fundo imobiliário, como o do tipo fundo de fundos, com uma taxa de administração baixa e que estivesse sendo negociado próximo ao valor patrimonial, com bons dividendos mensais.

Caso você ainda não se sinta seguro para analisar e comprar ações diretamente na Bolsa de Valores, em vez do ETF, você pode escolher um bom fundo de ações que faça esse trabalho por você. Eu particularmente acho que essa também é uma tarefa que exige estudo, já que, quando você coloca seus recursos em um fundo de ações, está comprando "a cabeça do gestor".

Essa carteira é útil para quem está acabando de formar a reserva de emergência e ainda não sabe escolher as próprias ações na Bolsa de Valores. O objetivo principal é terminar de formar uma reserva de emergência. O objetivo paralelo é entender mais na prática o mundo da renda variável, sentir na prática o funcionamento do *Home Broker*, dando um dos primeiros passos mais importantes do plano de viver de renda, devagar, com pouco dinheiro e adaptando a forma de pensar os investimentos, com mais oscilações na carteira.

CARTEIRA COM R$100 MIL

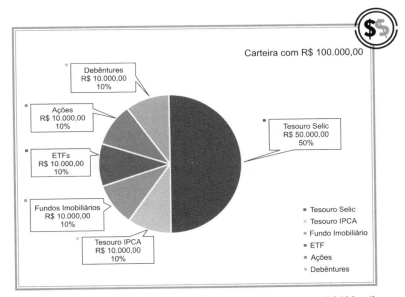

Figura 16 — Como eu investiria com R$100 mil.

Na carteira de R$100 mil, provavelmente sua reserva de emergência já estará formada. O Tesouro Selic é a metade dela. Você pode ajustar a quantia de acordo com sua necessidade e com o exercício no passo 3 do Capítulo 10. A novidade é que foram incluídas as ações, entrando definitivamente na renda variável, trazendo mais possibilidades de multiplicação para a carteira.

Eu escolheria ações de duas empresas sólidas, que geraram lucros nos últimos cinco anos, pagando dividendos acima de 6% ao ano, com o endividamento controlado e com o preço justo, com margem de segurança, tendo o preço próximo do valor patrimonial. Caso você ainda não se sinta preparado para isso, é possível escolher um bom fundo de investimento em ações (FIA), que tenha um histórico de boa rentabilidade nos últimos cinco anos (pelo menos).

PARA SABER MAIS:

Veja aqui alguns fundos de investimento de ações dos quais gosto da gestão: <https://www.financaspessoais.net.br/fundos-de-acoes>.

Essa carteira é útil para quem já se sente à vontade para escolher as próprias ações na Bolsa de Valores, apesar de ser uma quantia modesta (R$10 mil). O objetivo principal é entrar de uma vez na renda variável. O objetivo paralelo é sentir na prática o funcionamento do mercado acionário, se familiarizando com as oscilações das ações e com a escolha de empresas.

PARA SABER MAIS:

Assista aqui, de forma resumida, alguns dos critérios que uso para escolher uma ação: <https://www.financaspessoais.net.br/como-escolher-acoes>.

CARTEIRA COM R$250 MIL

O foco da carteira com R$250 mil, para mim, deve ser na multiplicação de capital para chegar ao primeiro milhão. O objetivo agora é maior no longo prazo, e o peso da renda variável agora é maior, chegando a 50% da carteira.

COMO DIVERSIFICAR INVESTIMENTOS MONTANDO UMA CARTEIRA

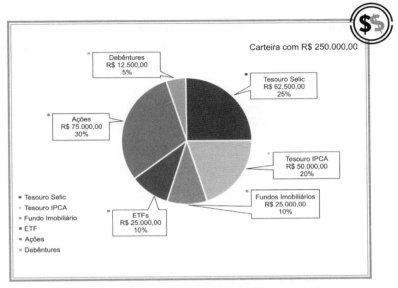

Figura 17 — Como eu investiria com R$250 mil reais.

Eu escolheria mais uma empresa, formando a composição com três empresas lucrativas nos últimos cinco anos (pelo menos), e aumentaria a posição no fundo imobiliário escolhido.

Essa carteira é útil para quem já conhece o mercado de ações na Bolsa de Valores, sabendo analisar indicadores, perspectivas e balanços e tendo visão de longo prazo. O objetivo principal é alcançar o primeiro milhão, e o objetivo paralelo é aprender com a dinâmica do mercado, fazendo ajustes e estudando cada vez mais.

CARTEIRA COM R$500 MIL

O foco da carteira com R$500 mil, para mim, deve ainda ser na multiplicação de capital para chegar ao primeiro milhão. O peso da renda variável agora é maior, superando os 50% da carteira.

A novidade é que foi incluído o ouro, que serve para proteção da carteira. Uma boa opção pode ser os fundos que investem no metal. O ideal é escolher um fundo que invista apenas no metal, sem a composição mista com câmbio ou outros investimentos. Apesar de esses fundos serem bastante flexíveis em sua composição, é interessante também avaliar as taxas de administração e performance. É possível achar fundos que investem em ouro sem taxa de performance e com baixíssima taxa de administração!

PARA SABER MAIS:

Veja aqui alguns fundos de que gosto para investir em ouro: <https://www.financaspessoais.net.br/fundos-ouro>.

Eu escolheria mais quatro empresas, formando a composição com sete empresas lucrativas nos últimos cinco anos (pelo menos). E escolheria mais dois fundos imobiliários (um fundo de tijolo comercial e um fundo de galpão logístico), totalizando a composição com três FIIs.

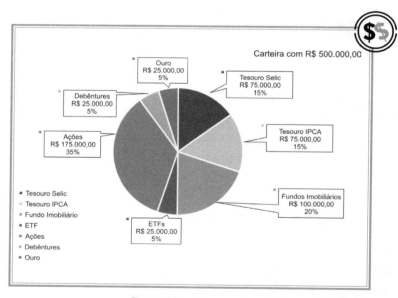

Figura 18 — Como eu investiria com R$500 mil.

Essa carteira é útil para quem já tem experiência no mercado de ações na Bolsa de Valores, já leu bons livros sobre investimentos e já domine as análises financeiras empresariais. O objetivo principal é alcançar o primeiro milhão, e o objetivo paralelo é iniciar uma proteção maior da carteira como um todo.

CARTEIRA COM R$1 MILHÃO

Na carteira milionária, há fontes de rendas de diferentes ativos. Por isso, o Tesouro Selic fica com uma pequena porcentagem, podendo ser usado paralelamente como uma reserva para oportunidades (caixa). O foco agora começa a ser maior na proteção da carteira, sem perder de vista o longo prazo.

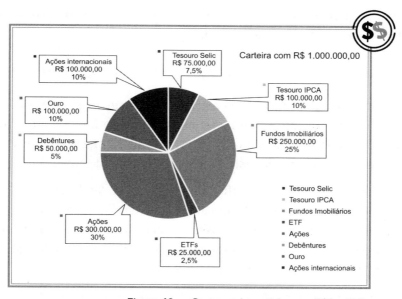

Figura 19 — Como eu investiria com R$1 milhão

Eu escolheria mais cinco empresas, formando a composição com doze empresas lucrativas nos últimos cinco anos (pelo menos) boas pagadoras de dividendos. E escolheria mais dois fundos imobiliários, totalizando a composição com cinco FIIs.

A novidade é que foram incluídas as ações internacionais, que servem como proteção adicional à carteira, por investir em mercados de outros países, como os EUA. Assim, é possível estar exposto a mais possibilidades de negócios e investimentos diferentes. Além disso, há a proteção cambial em moeda forte (dólar ou euro), já que temos uma moeda um tanto quanto "exótica". A carteira fica mais diversificada, investindo em países com economia mais desenvolvida, protegendo mais ainda o patrimônio. Uma opção é fazer isso por meio de um ETF, como o IVVB11, que replica o índice S&P 500 dos Estados Unidos. Isso faz com que a correlação entre os ativos da carteira seja diminuída, diminuindo o risco do Brasil no portfólio.

Essa carteira é útil para quem já tem experiência no mercado de ações na Bolsa de Valores, já leu bons livros sobre investimentos e domina as análises financeiras empresariais. O objetivo principal seria proteger o primeiro milhão, buscando os próximos objetivos financeiros. O objetivo paralelo é entender a dinâmica de mercados internacionais.

CASO 1 — CARTEIRA DE UMA RECÉM-FORMADA

Durante um ano, atendi uma recém-formada em Nutrição que não tinha nenhum conhecimento sobre investimentos quando me procurou. Nasceu em uma família tradicional, que sempre fez investimentos conservadores, como poupança e imóveis físicos para recebimento de aluguel.

O trabalho inicial foi desafiador, porque não é fácil trabalhar os paradigmas de uma pessoa jovem com uma carga familiar extremamente ligada a investimentos tradicionais. Por isso, a composição dos investimentos nos primeiros meses foi feita inicialmente na renda fixa, com títulos do Tesouro, já que na época os títulos longos tinham uma taxa bem atrativa.

Aqui vale uma observação que pode ser útil para algumas famílias. A reserva de emergência, no caso dela, não foi necessária, pois, além da renda que tinha com seu trabalho e com o aluguel de um imóvel, ela ainda morava com os pais e tinha seu custo de vida praticamente todo coberto pela família.

Nesse caso, foi possível pensar mais em longo prazo (o que é o ideal para acumulação de riqueza), já que muito do dinheiro que entrava como receita para ela não seria necessário no curto prazo para custear despesas. Então, a opção do Tesouro IPCA foi adequada para sua estreia no mundo dos investimentos.

A partir daí, depois de três meses comprando esses títulos mensalmente, ela já estava pronta para ir além. Naquela época, a Taxa Selic estava em uma trajetória de queda, e por isso era importante diversificar para a renda variável. Conversamos sobre fundos imobiliários, e ela achou interessante. Como o funcionamento era bastante parecido com o de um imóvel do qual ela recebia aluguel, tendo também a valorização do ativo, foi fácil fazer essa aplicação. Aí então ela fez a primeira compra de um fundo imobiliário de escritórios comerciais.

Depois disso, ela continuou comprando títulos do Tesouro IPCA por mais três meses, até que surgiu uma oportunidade de uma debênture incentivada do aeroporto de Guarulhos (AGRU12), que oferecia 5,8% + IPCA naquele mês, que rendia mais que o Tesouro IPCA, porém sem garantias. Assim, ela encarteirou o título e diversificou ainda mais sua carteira.

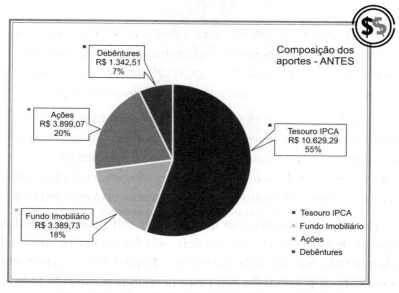

Figura 20 — Quantia de dinheiro inicial aportada pela cliente.

No mês seguinte, aumentou mais a posição no fundo imobiliário, e depois de mais um mês, fez sua estreia no mercado de ações.

Depois disso, no outro mês, ela comprou mais Tesouro IPCA, e já em 2020, começou o ano comprando ações, iniciando a diversificação de seus investimentos em ações da Bolsa de Valores. Portanto, a carteira da recém-formada somando os aportes realizados ao longo do período ficou assim.

Perceba que ela não tem Tesouro Selic, que seria um título para compor a reserva de emergência. O total investido foi de R$19.260,60. Veja como ficou a carteira depois de todas as alocações e com a rentabilidade acumulada.

Dessa forma, a composição da carteira, com os aportes e a rentabilidade acumulada de cada investimento, é como a mostrada a seguir.

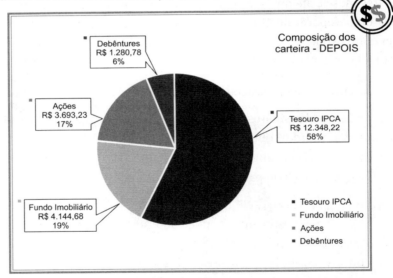

Figura 21 — Total dos investimentos depois que o tempo passou.

Em menos de um ano, a recém-formada teve um saldo total de R$21.466,91, um ganho de R$2.206,31, com uma rentabilidade total de 11,4%. Como a carteira dela é predominantemente composta por ativo da renda fixa, ela teve uma rentabilidade maior que o dobro que teria com o CDI, que foi de 4,9% no período.

Além disso, os investimentos dela renderam mais também que a poupança. Caso ela estivesse colocado toda essa quantia na caderneta, teria uma rentabilidade líquida nesse período de 3,74%, o que significa que teria apenas R$720,34.

Mesmo assim, é claro que investimentos devem ser analisados no longo prazo, principalmente quando se têm ativos de renda variável na carteira. As escolhas dos ativos da renda variável feitas por ela foram baseadas em uma estratégia que não costuma trazer grandes retornos no curto prazo.

O detalhe é que o início dos aportes começou no meio de março de 2019, indo até janeiro do próximo ano, e foi feito mensalmente com vários aportes, e não de uma única vez, com apenas um aporte. Mesmo assim, a rentabilidade da carteira foi bem acima da média do CDI.

CASO 2 — CARTEIRA NA TERCEIRA IDADE

Esse investidor tinha 65 anos quando começou a consultoria. Durante 4 anos, quando o país estava mergulhado em uma crise política e econômica, a Taxa Selic era alta, sendo bastante convidativos os investimentos na renda fixa.

Como muitos brasileiros que chegam a essa idade, ele já tinha um bom patrimônio construído, continuava trabalhando, tinha os filhos criados, mantinha vários imóveis de aluguel e uma boa quantia de dinheiro no banco, mal investido na poupança ou parado na conta-corrente.

Assim como o Caso 1, ele também não tinha praticamente nenhum conhecimento sobre investimentos no mercado financeiro. Passou por momentos de hiperinflação e crises profundas no país, por isso, sempre fez investimentos conservadores, basicamente em imóveis e na poupança.

O trabalho inicial foi muito desafiador, porque não é fácil trabalhar alguns paradigmas sedimentados por tantas décadas de alguém que sempre investiu de forma tradicional. Por isso, a composição nos primeiros meses foi feita inicialmente na renda fixa, que tinha na época uma boa rentabilidade.

O trabalho inicial foi o de mostrar as opções existentes na renda fixa que eram mais rentáveis que a poupança. Como na época ele só tinha conta em um banco tradicional, com poucas opções de investimentos, foi sugerida a abertura de uma conta em corretora de valores.

Assim, ele começou a entender melhor como funcionavam os investimentos fora da poupança. Ele se sentiu à vontade para fazer um investimento LCI, que parecia com a poupança e tinha a ver com imóveis, algo que ele dominava. A escolha foi feita de um LCI de um banco menor, já que essa opção pagava uma porcentagem maior do CDI. Isso tudo foi um grande passo, por conta de algumas limitações tecnológicas e inseguranças que ele tinha.

Assim, ele aprendeu a mexer na plataforma da corretora, começando a fazer sozinho os próprios investimentos, e continuou a comprar LCI e alguns LCA que tinham vencimentos próximos de três anos. E depois comprou um pouco do Tesouro Prefixado, já que a Taxa Selic já havia começado seu declínio.

No caso dele, os títulos de longo prazo não faziam sentido, já que ele revelou não ter interesse em manter investimentos sem liquidez com mais de cinco anos. Além disso, ele já tinha aquilo de que precisava para viver e já estava em condições de se aposentar, apesar de continuar trabalhando.

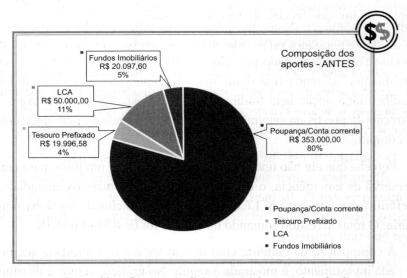

Figura 22 — Quantia de dinheiro inicial aportada pelo cliente.

Mesmo fazendo investimentos em Títulos Públicos e algumas opções na renda fixa, ainda era muito pouco. O dinheiro na poupança, que correspondeu à maior parcela, ficou lá por muito tempo, e só depois foi migrado para um LCI, só no final do período, depois de muita resistência. Para piorar a situação, durante vários meses, boa parte da quantia ficava em conta-corrente.

A migração da poupança e da quantia da conta-corrente foi feita para um LCI que tinha liquidez diária, do próprio banco tradicional em que ele tinha conta, mas que na época já rendia mais que a poupança. Nesse LCI, ele decidiu colocar 80% de seu capital do mercado financeiro, e não abriu mão disso. Mesmo sendo uma quantia acima dos doze meses de custo de vida que ele tinha e mesmo ainda trabalhando.

Como ele começou a investir em renda fixa desde início de 2017, a carteira dele até o final de 2019 era composta 100% de LCI, LCA e Tesouro Prefixado. A partir daí, a taxa de juros da economia brasileira chegou a níveis recorde de mínima, e esses investimentos passaram a ficar bem pouco atrativos. A solução um pouco antes do fim de 2019 foi ir também parte para a renda variável.

Ele já havia tido uma experiência ruim com a Bolsa de Valores, então o desafio foi ainda maior. Conversamos sobre os Fundos Imobiliários, e fiz questão de explicar como as características desse investimento se pareciam com as de imóveis físicos, destacando as vantagens adicionais.

A estreia na renda variável só aconteceu no final de 2019, que foi quando ele se sentiu preparado para lidar melhor com o risco, depois de ver os rendimentos na renda fixa diminuírem bastante. Nos fundos imobiliários, escolheu uma opção bem tradicional, que inclusive tinha passado por uma correção de preços na segunda metade de 2019, abrindo uma oportunidade de compra.

Perceba que ele não teve Tesouro Selic, que seria um título para compor a reserva de emergência, o que seria até mesmo o mais recomendado. Ele preferiu fazer isso em um LCI de um banco tradicional que tinha liquidez diária. O total investido somando os aportes foi de R$443.094,18.

A composição da carteira, com os aportes e a rentabilidade acumulada de cada investimento, é mostrada a seguir. No gráfico, vemos a distribuição final dos investimentos dele até o final de dezembro de 2019.

Em cerca de três anos, ele teve um saldo total em R$475.262.89, um ganho de R$32.168,71, com uma rentabilidade total de 7,3%. A rentabilidade total da carteira foi baixa. Isso aconteceu principalmente pela alocação desproporcional em caixa e na poupança durante muito tempo.

Mesmo assim, como a carteira dele é 95% composta por ativos da renda fixa e extremamente conservadora, a rentabilidade esperada não seria mesmo espetacular. Isso porque os investimentos dele em renda variável começaram no final de 2019, e os investimentos sugeridos com melhor rentabilidade (Tesouro Prefixado, LCI e LCA de bancos menores) foram feitos em menor quantia.

A escolha do LCI de banco grande, que correspondeu a cerca de 80% da carteira, impactou muito na rentabilidade, já que ele pagava cerca de 80% do CDI. Infelizmente, essa foi uma decisão dele, e ele tinha consciência disso. Ele poderia ter atingido o patrimônio de R$545.005,84 se mudasse essa estratégia recebendo 100% do CDI.

O detalhe é que os aportes eram feitos de forma muito esporádica, e os juros compostos também não puderam trabalhar com todo seu potencial.

É importante destacar que as decisões de investimento que fazemos influenciam muito naquilo que receberemos no final. Fazer alocações de carteira muito desproporcionais e ficar por muito tempo com dinheiro parado na conta ou em investimentos que rendem menos do que a maioria das outras opções com a mesma segurança (no caso aqui, a poupança) pode ser fatal para a acumulação de patrimônio.

Se fossemos considerar apenas os 20% da carteira em que tive influência para ajudá-lo, tivemos uma rentabilidade 17,8%, mesmo sendo feito de forma esporádica e mais no final do período de investimento mostrado.

O medo de investir melhor, ficando na conta-corrente ou na poupança, ou ainda pior, colocando em títulos de capitalização, consórcios ou até gastando, emperra a acumulação de capital de qualquer pessoa. É preciso abrir a mente para novas escolhas e opções de investimentos, que mudam a rentabilidade e a atratividade com o tempo.

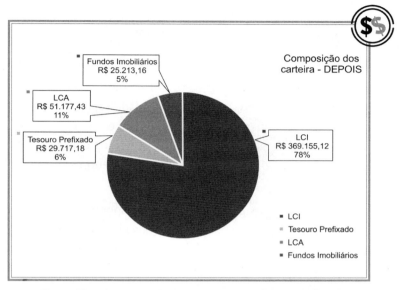

Figura 23 — Total dos investimentos depois que o tempo passou.

A ideia com os dois casos foi mostrar dois extremos: alguém que está começando sua vida financeira, e outra pessoa, que está no auge da situação patrimonial. Pelo fato de os exemplos anteriores das carteiras serem mais gerais, esses casos específicos e práticos podem ajudar também quem se enquadra nesses perfis.

Tanto no Caso 1 e no Caso 2, as carteiras foram montadas pelas próprias pessoas donas dos recursos, sem recomendações diretas de compra ou venda de ativos. Meu trabalho foi o de mostrar as possibilidades e aquilo que eu estava fazendo com minha carteira naquele momento, e a decisão final sempre foi dos clientes.

Por isso, nos dois casos, o processo de diversificação foi mais lento do que deveria ser, e continuou sendo feito no ritmo deles ao longo do tempo.

VAMOS PRATICAR

1. Chegou a hora de você montar sua carteira de investimentos! Use as carteiras dos exemplos anteriores para te auxiliar na distribuição dos ativos.

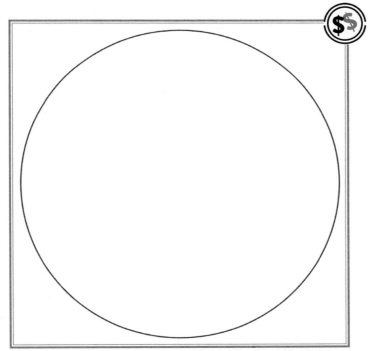

Figura 24 — Carteira do leitor..

CONSIDERAÇÕES FINAIS

Com este livro, você teve a oportunidade de, com conceitos e exemplos importantes que foram apresentados, aprender como começar a investir, tendo a base para fazer seus primeiros investimentos. Teve acesso a um conteúdo que aprendi, na teoria e na prática, e que reuni aqui para te ajudar a chegar a um patamar financeiro maior que aquele em que está. Para isso, você deve seguir esse passo a passo e consultar o livro sempre que tiver dúvidas.

Você aprendeu como identificar e organizar os diversos tipos de investimento, conhecendo com detalhes cada um deles. Isso é fundamental para que você escolha a opção que se encaixa melhor no seu momento. Com isso, definimos um plano prático para sugerir qual investimento fazer primeiro, de forma vantajosa para seu bolso.

Como orientação geral, faça os exercícios propostos ao longo do livro, aplicando-os ao seu caso. De tempos em tempos, releia os princípios contidos neste livro, fazendo um comparativo do que você tem alcançado e avaliando sua evolução.

Existe uma tendência de juros baixos no Brasil, que foi causada por mudanças na economia, levando a várias quedas da Taxa Selic, que é a referência para os juros da economia brasileira, especialmente para os juros pagos nos investimentos da renda fixa. A maioria das instituições financeiras tem repassado esses juros menores na hora de oferecer esses produtos. Fique atento a isso, e, como no Caso 2 do Capítulo 11, evite ficar em investimentos pouco rentáveis e com a mesma segurança (ou até pior).

Investir bem ainda é algo novo para a grande maioria dos milhões de brasileiros. Dos poucos que fazem isso, muitos aplicam o dinheiro todos os anos em produtos com rentabilidade muito baixa e que às vezes nem são investimentos, e são vítimas de organizações criminosas que aplicam golpes financeiros. Precisamos mudar essa situação. Juntos venceremos isso, com mais educação financeira, livros como este e pessoas como você investindo melhor.

Espero que você comece a investir de verdade. Que você possa ter um novo horizonte pela frente, sem a dependência do dinheiro emprestado dos outros, tendo e multiplicando o seu próprio dinheiro. Que você possa aplicar esse livro em sua vida prática, montando uma carteira de investimentos próspera que sirva como um plano de previdência própria, te trazendo independência financeira no futuro. Que sua meta seja enriquecer, proporcionando isso para sua família e ensinando a seus filhos.

Depois de concluir essa etapa, você estará pronto para começar a investir na Bolsa de Valores, iniciando com a análise de ações de empresas para longo prazo.

PARA AMPLIAR SEUS CONHECIMENTOS E COMEÇAR A VER O NOVO MUNDO QUE TE ESPERA, ACESSE: <HTTPS://WWW.FINANCASPESSOAIS.NET.BR/EBOOK-INVESTIR-BOLSA/>.

Obrigado por ler meu livro!

GLOSSÁRIO

Abastança: excesso de provimentos e haveres; abundância, riqueza.

Ações: representam uma fração do capital social de uma empresa. É um "pedaço de uma empresa". Ao comprar uma ação, o investidor se torna sócio da empresa, ou seja, de um negócio.

Alavancagem: quando é usado um dinheiro emprestado com encargos financeiros fixos para aumentar os efeitos do retorno de investimentos em ações no curto prazo.

Bitcoin: é uma forma de moeda digital criada e que existe eletronicamente, sem intermédio de financeiras.

Carteira de investimentos: é o grupo de ativos de um investidor, podendo ser composto por Títulos Públicos, ações, debêntures, fundos, entre outros.

CDB: Certificado de Depósito Bancário é um título que os bancos emitem para se capitalizar, ou seja, conseguir dinheiro para financiar suas atividades de crédito. Ao adquirir um CDB, o investidor está efetuando uma espécie de "empréstimo" para a instituição bancária em troca de uma rentabilidade diária.

CDI: o Certificado de Depósito Interbancário é uma taxa que determina o rendimento anual de diversos tipos de investimento. É negociada entre os empréstimos feitos entre os próprios bancos, para que fechem o caixa do dia no positivo.

Debêntures: são títulos de dívidas emitidos por empresas, que podem ser de médio ou longo prazo e que tornam o investidor um credor da empresa. Como o investimento funciona como uma espécie de empréstimo para a empresa, o investidor é remunerado com uma determinada rentabilidade em forma de taxa de juros.

DOC: Documento de Ordem de Crédito. É uma transação usada para transferir uma quantia limitada de dinheiro para uma conta. O Pix permite essas transferências de forma instantânea e direta.

e-book: significa "eletronic book", livro em formato digital. Pode ser uma versão eletrônica de um livro que já foi impresso ou lançado apenas em formato digital.

Empréstimo: o empréstimo é um serviço financeiro oferecido por bancos e financeiras autorizadas em que não é necessário informar o motivo. As pessoas costumam solicitar empréstimos pessoais para pagar dívidas, reformar a casa, viajar, pagar os estudos ou abrir um negócio próprio, mas podem solicitá-lo para qualquer outra finalidade.

Especulação no mercado de ações: é uma aposta na variação no preço de um ativo com o objetivo de obter lucros muito acima da média do mercado em um curto espaço de tempo, assumindo, para isso, riscos maiores.

Financiamento: é uma operação financeira em que uma instituição financeira fornece recursos para outra parte que está sendo financiada, de modo que esta possa executar algum investimento específico previamente acordado. Ao contrário do empréstimo, os recursos do financiamento precisam necessariamente ser investidos do modo acordado em contrato. Empresas podem realizar financiamentos para captar recursos para compra de novos equipamentos ou realizar uma expansão, enquanto pessoas físicas podem realizar financiamentos para comprar imóveis, automóveis, entre outros bens de maior preço.

Ganância: é um sentimento humano que se caracteriza pela vontade de ter tudo que se admira. É a vontade exagerada de ter qualquer coisa. É um desejo excessivo direcionado principalmente à riqueza material, nos dias de hoje, o dinheiro. É diferente de ambição, que é positiva e significa o anseio de alcançar determinado objetivo, de obter sucesso, e é sinônimo de aspiração, pretensão.

GPS: do inglês Global Positioning System. É um sistema de posicionamento global que serve para orientar a pessoas a chegarem a um determinado local ou destino.

Hábito: ação que se repete com frequência e regularidade; mania. Comportamento que alguém aprende e repete frequentemente. Maneira de se comportar; modo regular e usual de ser, de sentir ou de realizar algo; costume.

Investimento: nas finanças, é a aplicação de recursos, em geral na forma de dinheiro, com o objetivo de obter um retorno futuro superior ao capital inicial, compensando os custos e gerando lucro.

Juros: é a remuneração cobrada pelo empréstimo de dinheiro (ou outro item). É expresso como um percentual sobre o valor emprestado (taxa de juro). Se você pega dinheiro emprestado, paga juros. Se você empresta dinheiro, recebe juros.

Juros compostos: os juros compostos são somados ao capital para o cálculo de novos juros nos tempos posteriores, o chamado juros sobre juros. Têm um efeito multiplicador muito grande e fazem render muito o dinheiro nos investimentos financeiros.

Liquidez: é a facilidade com que um ativo pode ser convertido em dinheiro.

Longo prazo: nos investimentos, o longo prazo costuma ser definido para um horizonte acima de dez anos.

Mindset: é nossa configuração da mente. É a forma como se organizam seus pensamentos e se decide encarar as situações do cotidiano. É a maneira como se reflete sobre determinada situação e, principalmente, como se decide agir após a análise pessoal, que pode determinar o sucesso ou o fracasso.

Patrimônio: é o conjunto de bens, direitos e obrigações vinculado a uma pessoa ou a uma entidade. São todos os recursos e bens que uma pessoa tem em seu nome. Já o patrimônio financeiro é o dinheiro que a pessoa possui na conta-corrente ou que está aplicado no mercado financeiro.

Pirâmides financeiras: é um modelo comercial previsivelmente não sustentável que depende basicamente do recrutamento progressivo de outras pessoas para o esquema, em níveis insustentáveis. Pode ser mascarado com o nome de outros modelos comerciais que fazem vendas cruzadas, tais como o marketing multinível. O dinheiro simplesmente percorre a cadeia, e somente o idealizador do golpe (ou, na melhor das hipóteses, umas poucas pessoas) ganha, trapaceando e enganando seus seguidores.

Poupar: gastar com moderação; economizar. É gastar menos do que recebe.

Previdência privada: é aquela feita de forma não obrigatória e por meio de instituições financeiras privadas. É possível escolher o valor da contribuição e a periodicidade com que ela será feita. Além disso, o valor investido pode ser resgatado pela pessoa, se ela desistir do plano.

Previdência pública: A Previdência Social é um seguro social pago pelos trabalhadores brasileiros com o objetivo de assegurar a subsistência do trabalhador em caso de incapacidade ou aposentadoria. O recebimento das contribuições e o pagamento dos benefícios são feitos por meio do INSS — Instituto Nacional de Seguridade Social.

Prosperidade: abundância, fartura. Vai além da riqueza. É ser feliz, bem-sucedido, tendo satisfação com aquilo que se tem.

Reserva de emergência: é um seguro contra "imprevistos". É usada quando há um problema grave de saúde, um dano material/fatalidade ou a perda do emprego. Corresponde a, no mínimo, seis meses do custo de vida mensal separado e investido.

Sucesso: é conquistar aquilo que você quer.

Tarifas bancárias: são taxas cobradas pelo banco para prover serviços aos clientes. Exemplos: emissão de talão de cheques, saldos, extratos, transferências, segunda via de cartão, tarifas de manutenção de conta etc.

Taxa Selic: é a média de juros que o governo brasileiro paga por empréstimos tomados dos bancos. A Selic é a taxa básica de juros da economia no Brasil, utilizada no mercado interbancário para financiamento de operações com duração diária, lastreadas em Títulos Públicos federais. Selic é a sigla de Sistema Especial de Liquidação e Custódia.

TED: é a sigla de Transferência Eletrônica Disponível. É uma transferência de dinheiro de uma conta de um banco para outro. Na TED, o dinheiro entra no mesmo dia na conta da outra pessoa. O Pix permite essas transferências de forma instantânea e direta.

Ticker: é o código de uma ação, que pode ser uma sigla, um número ou uma combinação de ambos. No caso de ações brasileiras, costuma ser uma combinação, por exemplo, VALE3.

Trader: é uma pessoa que compra e vende ativos financeiros como ações no mercado. Faz com frequência com o objetivo de ter ganhos rápidos. No daytrade, ele tenta fazer isso no mesmo dia, e no swing trade, a tentativa é de fazer isso em dias ou semanas.

Título de capitalização: promete ganhos baseados em sorteios, normalmente de imóveis e automóveis, e costumam prometer seu dinheiro de volta após o prazo do título. Mas se o resgate for feito antes do vencimento, normalmente só é possível recobrar uma parte do dinheiro, como se fosse uma penalidade.

Títulos Públicos: são ativos de renda fixa emitidos pelo Tesouro Nacional para financiar a dívida pública nacional. É um tipo de investimento aberto ao público. O valor inicial para investimento é baixo, e os Títulos Públicos costumam ter rentabilidade melhor que outros produtos mais tradicionais, como a poupança.

REFERÊNCIAS

Banco de imagens gratuitas Pixabay. Disponível em: <https://pixabay.com/>. Acesso em: 13 nov. 20019.

CORLEY, Thomas C. *Rich Habits*: The Daily Success Habits of Wealthy Individuals: Find Out How the Rich Get So Rich (the Secrets to Financial Success Revealed). Minneapolis: Langdon Street Press, 2010.

Estatísticas da loteria. Disponível em: <https://brasil.elpais.com/brasil/2017/12/29/economia/1514561881_763851.html>. Acesso em: 3 fev. 2020.

https://www.serasaconsumidor.com.br/

Portal do Investidor da CVM. Disponível em: <https://www.investidor.gov.br/>.

RIBEIRO, Lair. *O sucesso não ocorre por acaso.* Rio de Janeiro: Objetiva, 1996.

_____. *Enriquecer*: ambição de muitos, realização de poucos. Belo Horizonte: Leitura, 2005.

<www.b3.com.br>. Acesso em: 13 nov. 2019.

<www.tesourodireto.com.br>. Acesso em: 13 nov. 2019.

APÊNDICE 1
RESPOSTAS

1: Escreva pelo menos cinco motivos pelos quais você deve começar a investir hoje: Para fazer meu dinheiro se multiplicar, para evitar gastar com coisas desnecessárias, para tornar mais sonhos em realidade, para custear minha aposentadoria, porque dinheiro atrai dinheiro, para viver de forma mais livre, barata e segura...

2: a. (F) b. (V) c. (F) d. (F) e. (V) f. (F) g. (V) h. (V) i. (F) j. (F) k. (V) l. (V) m. (F) n. (F) o. (V) p. (F)

3: a. (V) b. (V) c. (V) d. (V) e. (F) f. (V) g. (F) h. (V) i. (F) j. (F) k. (V) l. (V) m. (V) n. (V) o. (V) p. (V) q. (V) r. (F)

4: Em ordem de cima para baixo: (e), (d), (a), (b), (c)

5: Em ordem de cima para baixo: (e), (f), (i), (b), (c), (g), (d), (a), (h)

6: a. (F) b. (V) c. (F) d. (V) e. (V) f. (V) g. (F) h. (F) i. (V) j. (V) k. (F) l. (V) m. (V) n. (V) o. (F) p. (V)

APÊNDICE 2
TABELA DE IMPOSTOS

Alíquotas de Imposto de Renda sobre alguns investimentos:

PERÍODO DE PERMANÊNCIA	TRIBUTAÇÃO
De 0 a 6 meses	Imposto de 22,5% sobre a rentabilidade
De 6 a 12 meses	Imposto de 20% sobre a rentabilidade
De 12 a 24 meses	Imposto de 17,5% sobre a rentabilidade
Mais que 24 meses	Imposto de 15% sobre a rentabilidade

Tabela 1 — Imposto de renda sobre investimentos.

Caso você mantenha seu investimento por menos de trinta dias, também há incidência de IOF em alguns investimentos. A tributação é a mostrada a seguir:

DIAS	ALÍQUOTA	DIAS	ALÍQUOTA	DIAS	ALÍQUOTA
1	96%	11	63%	21	30%
2	93%	12	60%	22	26%
3	90%	13	56%	23	23%
4	86%	14	53%	24	20%
5	83%	15	50%	25	16%
6	80%	16	46%	26	13%
7	76%	17	43%	27	10%
8	73%	18	40%	28	6%
9	70%	19	36%	29	3%
10	66%	20	33%	30	0%

Tabela 2 — Imposto sobre Operações Financeiras sobre investimentos.

ÍNDICE

A

abastança 32

ações

   de pouca liquidez 99

   tipos 148

alavancagens 91

análise

   fundamentalista 150

   técnica 150

assembleia geral do FIA 140

assimetria positiva 91

ativos

   financeiros estrangeiros 99

   no curto prazo 90

aumentar a receita 36

B

B3, Bolsa de Valores brasileira 98, 121, 144

Banco Central 103

bancos digitais 38

benchmark 126, 139

Bill Gates 83

bitcoin 154, 165

boas estratégias de investimentos 27

Bolsa de Valores 55–56, 107

buy and hold 151

C

câmbio 99

cartão de crédito 41–42, 93

   fatura 94

carteira

   de ações 149

   de investimentos 85, 97, 147

   de portfólio 91

cenário econômico 85

Certificado

   de Depósito Bancário (CDB) 106–108

     formas de remuneração 106

   de Recebíveis do Agronegócio (CRA) 109–111

   de Recebíveis Imobiliários (CRI) 131

cheque especial 93

círculo vicioso 50, 75, 79

Comissão de Valores Mobiliários (CVM) 98–99

commodities 99

compra de ações 36

consórcio 162–163, 200

conta digital , 92

corretora de valores 37–38, 158

D

D+ 100

day trade 151–153

debêntures 113, 127–130, 177

subordinadas 128

tipos 128

décimo terceiro 94

demonstração do resultado de exercício (DRE) 36

derivativos para alavancagem 98

desperdício de alimentos 84

diminuir despesas 35–36

distribuição periódica de resultados 135

diversificar investimentos , 90–91

dívidas ruins 93

E

educação financeira 50

escritura de emissão 129

F

fatores de risco 129

finanças pessoais 54

follow on, ofertas públicas 149

fundo

de Investimento de Ações (FIA) 138–140

de Investimento Imobiliário (FII) 131

DI 124–125

Garantidor de Crédito (FGC) 108, 111

imobiliário 36, 83, 188

multimercado 98–100

fundos

cambiais 125–126

de ações 95, 98

de Fundos (FoF) 131, 134

de Índice (ETF) 142

de investimentos 37–38

de renda fixa 98

multimercados

categorias 99

H

hábitos

prosperos 51

ruins

tipos 51–63

hedge (proteção) 126

Henry Ford, empresário 24

Home Broker 132, 151, 173

horizonte de investimento 90

I

imposto

de Renda (IR) 102–103, 122

sobre Operações Financeiras (IOF) 122

impulso de compra 81

independência financeira 35, 65, 80, 130

indexador 101, 114

indicadores financeiros 36

Índice Bovespa 101, 139–140, 188

inflação 85

investidor vitorioso 34

investir, definição de 26

J

juros 52, 59

altos 26, 102

compostos 39, 46

sobre Capital Próprio (JCP) 148

L

lei do teto de gastos 115

Letras

de Câmbio (LC) 113–115

de Crédito Agrícola (LCA) 108–109

de Crédito Imobiliário (LCI) 108–109, 131

ÍNDICE 221

Hipotecárias (LH) 131
liberdade financeira 24, 32, 52
liquidez , 91–92
loteria 24–25, 50, 163–164

M
Maxwell Maltz 51
mercado
de capitais 99
financeiro 84, 99
Mercado Livre, site 36
metas 30–31
método INVISTA 21
moedas estrangeiras 98
montagem da carteira 90
movimentos de alta 53
mudança de hábitos 80
multimercados 99

N
nota de rating 113
nunca perca dinheiro 84–85

O
Oferta Pública Inicial (IPO) 149
OLX, site 36
ouro 145–147

P
papéis de crédito privado 99
pirâmides financeiras 50
poupança 103–106
previdência
privada 27
pública 27
Prospecto de Distribuição 128

R
Receita Federal 102
Recibos de Depósito Bancários (RDB) 111–112
regra do come-cotas 126
regra dos trinta dias 35
relatório de classificação de risco 129
renda
fixa , 93, 90
variável , 90, 91
rentabilidade
acumulada 100
de um ativo 89
esperada 96
passada 100
reserva de emergência 67–68, 92

S
satisfação no longo prazo 29–30
segunda fonte de renda 32–33
spread 106
Superintendência de Seguros Privados (SUSESP) 162
swing trade 151

T
tarifas de contas bancárias 38
taxa
de administração 100, 126, 139, 163
de corretagem 38
de custódia 38
de performance 140–141
Referencial (TR) 103–104
Selic 103–104
técnicas de vendas 29
Teoria dos 21 dias 51

Tesouro

Direto 115, 122

IPCA , 90, 102

com juros semestrais 119

Nacional 115–116

Prefixado 94, 98, 117, 198

com juros semestrais 118

Selic 94, 104–105, 117

título de capitalização 50, 67, 162

Títulos

do Tesouro

Direto 107–109

IPCA 40

Públicos 40, 115–118

do Tesouro IPCA 54

Tom Corley 81

traders 117

V

volatilidade

alta 89

anualizada 89

baixa 89

W

Warren Buffett, investidor 19, 55, 84

Projetos corporativos e edições personalizadas
dentro da sua estratégia de negócio. Já pensou nisso?

Coordenação de Eventos
Viviane Paiva
viviane@altabooks.com.br

Assistente Comercial
Fillipe Amorim
vendas.corporativas@altabooks.com.br

A Alta Books tem criado experiências incríveis no meio corporativo. Com a crescente implementação da educação corporativa nas empresas, o livro entra como uma importante fonte de conhecimento. Com atendimento personalizado, conseguimos identificar as principais necessidades, e criar uma seleção de livros que podem ser utilizados de diversas maneiras, como por exemplo, para fortalecer relacionamento com suas equipes/ seus clientes. Você já utilizou o livro para alguma ação estratégica na sua empresa?

Entre em contato com nosso time para entender melhor as possibilidades de personalização e incentivo ao desenvolvimento pessoal e profissional.

PUBLIQUE SEU LIVRO

Publique seu livro com a Alta Books. Para mais informações envie um e-mail para: autoria@altabooks.com.br

CONHEÇA OUTROS LIVROS DA **ALTA BOOKS**

Todas as imagens são meramente ilustrativas.

 /altabooks /alta-books /altabooks /altabooks

Este livro foi impresso nas oficinas gráficas da Editora Vozes Ltda.,
Rua Frei Luís, 100 – Petrópolis, RJ.